Espacios posmodernos

en

la literatura latinoamericana contemporánea:

distopías y heterotopías

Mária Fernández Lamarque

Espacios posmodernos

en

la literatura latinoamericana contemporánea:

distopías y heterotopías

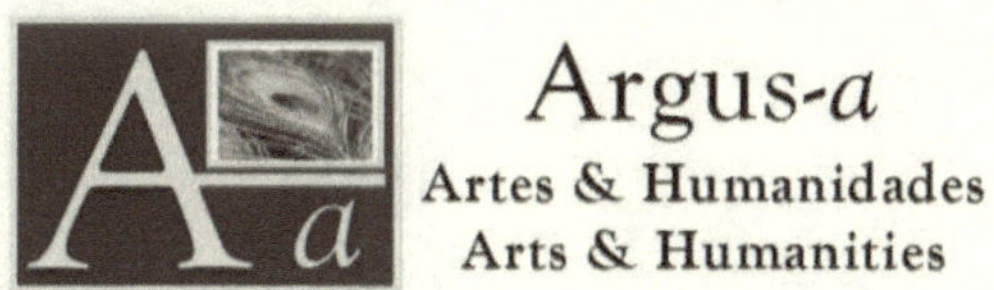

Buenos Aires - Los Ángeles
2016

Espacios posmodernos en la literatura latinoamericana contemporánea: distopías y heterotopías

ISBN 978-1-944508-05-0

Diseño de tapa: Daniel Quiroz Fernández

© 2016 Mária Fernández Lamarque

All rights reserved. This book or any portion thereof may not be reproduced or used in any manner whatsoever without the express written permission of the publisher except for the use of brief quotations in a book review or scholarly journal.

Editorial Argus-*a*
16944 Colchester Way,
Hacienda Heights, California 91745
U.S.A.

Calle 77 No. 1976 – Dto. C
1650 San Martín – Buenos Aires
ARGENTINA
argus.a.org@gmail.com

To all who dare to compose their own musical score

To all who are unafraid

To all those courageous peaceful warriors

To those who not give up

To you

Mária F. Lamarque

Reconocimientos

Al Consejo Editorial de Argus-*a* por publicar *Espacios posmodernos en la literatura latinoamericana contemporánea: distopías y heterotopías*. Un especial agradecimiento al Dr. Geirola y a Mabel Cepeda por el tiempo invertido en las revisiones de esta obra. A Texas A&M University-Commerce por haberme otorgado el semestre sabático en la primavera de 2015, el cual me permitió terminar el proyecto que finalmente ha dado lugar a este libro. A la UPC (Universidad Peruana de Ciencias Aplicadas) en Lima, Perú y sus profesores de la facultad de Humanidades por sus valiosos comentarios sobre mi trabajo. A la memoria de mis padres Augusto y Luisa, por incentivar y nutrir mi creatividad sin restricciones ni mitos culturales. A mis hermanas Rosario, Luisa, Liliana y Marita por su cariño. A Daniel por su desinteresada colaboración con la ilustración de la portada. A David, mi marido y colega profesional, y a mi hijo Luiscarlo "Luca", mi luz en el camino.

INDICE

Introducción

Los espacios son clave para definir al universo humano. Los lugares se calculan con diversos sistemas de medida: longitud, tiempo, peso y además se observa la fuerza, presión o energía que se somete en estos espacios. En física, por ejemplo, algunos espacios se calculan usando escalas de medida o viendo cómo estos reaccionan a diferentes fuerzas. En literatura, los espacios se abren de manera numéricamente indefinida, ya que el espacio literario es el espacio de la libertad absoluta, donde no hay parámetros imaginativos. La narrativa encierra en sí misma un nuevo lugar donde el lector se mueve y navega visitando ciudades, épocas, momentos históricos, realidades colectivas y personales al mismo tiempo que palpa la consciencia humana.

La cartografía literaria pone en contacto al ser con su mundo, lo hace consciente de su humanidad. Por ello, Jameson define a la narrativa como la función primordial o ejemplo claro de la mente humana (13). Al mismo tiempo, la literatura ubica al individuo en diversos espacios y tiempos y el objeto literario *per se* presenta una plétora de posibilidades y "verdades eternas" inamovibles (*Sobre literatura* 14). Según Umberto Eco, la literatura y sus personajes se encuentran fijos, son imperecederos e indiscutibles, como puntos referenciales o *landmarks* de la cultura.

El estar perdido usualmente causa ansiedad e inestabilidad. En este sentido, la narrativa más que ningún otro género induce a estos minúsculos, medianos, enormes, gigantescos o inabarcables secciones de mundo como posibilidades o rutas de recorrido. La ficción literaria genera un modo de supervivencia para no perderse y continuar trazando caminos interminablemente. En el sujeto posmoderno el sentido de desplazamiento, dislocamiento, traslado y desalojo cognitivo ocurre dentro y fuera de la ficción literaria. ¿Qué implica este desplazamiento tanto cognitivo como textual que produce y/o se opera en las historias? ¿Cuál es el elemento en común que hacen de estos espacios: abiertos, cerrados, mal-lugares (distopías) o lugares imaginarios que se conviertan en el no lugar o el lugar perfecto, o el espacio alternativo que existe dentro de los espacios reales (heterotopías)? Esta reflexión lleva invariablemente a la misma esencia de donde se nutren, prestan y embeben estos textos: el mundo que los rodea. Las ficciones se vuelcan en un ambiente de aromas agradables, nuevos, limpios o en ambientes de aromas insoportables e intrusivos. Como especulación filosófica los espacios escenifican y reproducen el intelecto y la razón; y estos se encuentran vivos adquiriendo solidez en lo literario y en lo humano. El cosmos individual y colectivo se expande o acorta según las diversas metamorfosis de este espacio que el universo literario provea como estímulo. Al igual que las bromas indican cómo funciona la imaginación, especialmente lo social, colectivo y popular según Bergson, el artificio literario protagoniza y escenifica los vericuetos laberínticos y perspicaces de la mente humana.

El mapa literario

Si bien es cierto, la literatura representa la relación entre tiempo y espacio o llamado cronótopo por Barthes, y/o el tiempo ampliamente estudiado por Henri Bergson en *Time and Free Will* (1910); no obstante, la literatura a su vez delinea y plantea mapas mentales y físicos al internarse y ocupar territorios ficticios. El lector, de este modo, entra al plano arquitectónico de la ficción visitando cada una de las representaciones parciales de la mente. Este plano incluye áreas mentales amplias inabarcables (Borges, Saramago, por ejemplo) o áreas provinciales, regionales, de la ficción (Miguel Delibes es otro ejemplo). Los textos de ficción, como planos incluyen "curvas de nivel" que posibilitan observar la forma de la superficie (base o fundamento en la que la ficción se enraíza). Al igual que un plano es la representación gráfica de un área en particular, la narrativa se orienta a la representación mental de determinados lugares. Italo Calvino afirma que los espacios físicos (lugar determinado) se consolidan o existen gracias a las impresiones que se han dejado en él, "como las líneas de la mano" (10). Cada novela/cuento constituye un multiverso que se transforma cada vez que el lector lo recrea, no es un solo y único mapa al que seguir. La cartografía creada por el autor de la obra se transforma desde el punto de referencia tan popular en los mapas de establecimientos comerciales modernos, hasta la capacidad de recrear la guía inicial y perderse en el bosque narrativo. El ejemplo técnico más palpable de esta práctica es la novela de Julio Cortázar, *Rayuela* (1963). El mapa que traza Cortázar contiene varias rutas que igualmente llegarán al final/objetivo. Este "destino", no obstante, no es único, sino que confiere al lector la libertad de explorar y construir otros canales, vías, puentes, acueductos para crear su propia ruta.

Los planos son la unidad mínima de un mapa, ya que muestran los lineamientos de espacios de menor dimensión y suelen tener una escala para mostrar las dimensiones de la construcción real.[1]En lo literario las escalas no están determinadas en el plano, sino que se van armando al mismo tiempo que el lector camina por él, como en la vida práctica. En lo literario aparecen a su vez similitudes con el plano topográfico y el plano arquitectónico. El plano topográfico presenta curvas de nivel; el arquitectónico, medidas, diseños de algo concreto. El topográfico abarca la dimensión que se desee/moldee. El crítico o analista literario brinda esta magnitud al texto. Usa los materiales o signos para crear con aquello que tiene disponible o las indicaciones generales del plano o conjunto de planos. Genette llama al analista o crítico literario "bricòleur" (*Figures of* 5) porque es capaz de armar una nueva estructura con los signos o herramientas que tiene; en este caso el analista re-crea la obra. El mapa literario brinda una entrada, salida y elementos constitutivos del texto/mapa en sí (figuras, símbolos, tropos, etc...). El analista literario rearma el mapa dejando únicamente los puntos del plano que brindan la ubicación en la tierra, o el nivel en que se encuentra, da una idea cabal del terreno (texto), del tamaño que fuere. El plano arquitectónico es mucho más limitado y si bien puede plasmar la idea de un artista, está siempre limitado a lo físico, a que sea posible su construcción en la realidad. Si se toman en cuenta las diferencias entre plano topográfico y plano arquitectónico, el texto literario sería un topotexto más que un arquitexto como lo llama Genette. (*Palimpsest* 1). La literaturidad de la literatura va más

[1] Debo el desarrollo de estos conceptos a la Ing. Rosario Fernández-Lamarque.

allá de los confines de lo "físico", ya que posibilita una gama interminable de formas de leer/descrifrar el mapa. Al igual que en los planos topográficos, la utilización de colores en los múltiples niveles con otros símbolos, figuras, trazos accesorios permite reconocer diversas formas en el terreno como montañas, valles, ríos y otras características. En la literatura los colores, las imágenes y figuras posibilitan acceder al texto y trazar las líneas de significado. En los mapas existen "leyendas" las cuales identifican los accidentes geográficos (ríos, árboles, cordilleras) o construcciones hechas por el hombre como carreteras, etc. En el caso de los mapas literarios, el lector consigue ubicar/se en relación a estos elementos que lo circundan; sin embargo, estos puntos reconocibles no son estables. Las imágenes, figuras, símbolos, metáforas son significantes que se deslizan formando una serie de relaciones múltiples y especulares. Cada lector encuentra los diversos caminos contenidos en el mapa literario o los genera a partir de la lectura. Cuanto más bagaje tenga el lector, mayor será el horizonte que se forje en el mapa y las convenciones que encuentre y el mapa cognitivo que se arme. En los textos los recursos literarios proporcionan la apertura a construirlos mental y abstractamente usando la geografía literaria.

La separación en cuadrículas en los mapas corresponden a una distancia específica sobre el terreno real, así se facilita calcular las latitudes y también la orientación del área. Las escalas en los mapas literarios, en cambio, son moldeables y adaptables dependiendo del lente por el que funcione la representación narrativa. En otras palabras, la cartografía literaria se expande de acuerdo a la dimensión de la obra y del lector. El proceso de análisis y síntesis es la operación simultánea que coexiste en toda lectura crítica. La extracción de algunos elementos partes de un todo para el análisis literario, es exactamente lo que se realiza, por ejemplo, en un análisis de sangre. En el segundo caso, se usa la sangre extraída para contar las células o separar las células de la sangre del fluido que las contiene o plasma. El plasma se usa para medir las diferentes sustancias contenidas en la sangre en relación a otras sustancias químicas y su carencia, abundancia o anormalidad. Esto finalmente determina usualmente el primer diagnóstico. En el análisis literario existe una separación de los elementos de la "célula" textual que facilita elaborar una tesis (diagnóstico) que más tarde se pueda probar mediante la relación entre estos elementos del lenguaje literario. Prácticamente es lo que ocurre en el laboratorio científico, ya que el proceso es exactamente el mismo, lo que cambia son las partes que se analizan y las nomenclaturas que se les dan. La síntesis hegeliana es también parte de este proceso y opera como la síntesis química. Otro concepto que se asemeja al producto del trabajo del analista literario pertenece al campo de la química. Una reacción sintética es la combinación de dos o más especies químicas para formar un producto más complejo. En el análisis literario la composición de los diversos elementos y su mezcla provoca como resultado otro texto, que aunque contiene los elementos de los anteriores, es uno en sí mismo y tiene su propia voz. Los ensayos en este volumen profundizan en las obras rearmando sus piezas y otorgándole otra forma, textura y una densidad literaria autónoma.

Un ejemplo concreto en la narrativa fílmica que usa los espacios/ mapas de forma visual y tangible es el caso del director danés Lars Von Trier. En muchas de sus obras, Von Trier resalta los elementos topográficos de forma explícita. En *Dogville* (2003) y su secuela *Manderlay* (2005). En la primera, la distopía del pueblo encuadrada en un mapa de la ciudad, se examina la condición humana frente a la solidaridad y altruismo de una forastera, Grace Mulligan (Nicole Kidman). El pueblo está delineado dentro de un mapa y la historia transcurre dentro de estas medidas físicas destinadas para el espacio narrativo fílmico. Inicialmente el locus Dogville es un lugar perfecto, anárquico donde los pobladores se conducen con una apreciable rectitud moral. No hay violencia, delincuencia, la policía no es necesaria, ni el estado ya que los habitantes de Dogville actúan de acuerdo a su elevada consciencia moral. Este modus operandi se trastoca cuando se encuentran en una situación de poder absoluto. Frente a esta posibilidad, el pueblo cambia y desarrolla el lado obscuro del hombre, su lado sombrío y bajo. En *Manderlay*, Grace, esta vez se encuentra en Alabama frente al dilema de la esclavitud en los Estados Unidos. También el mapa de los Estados Unidos es el fondo del plano panorámico, luego hay un acercamiento al plano detalle de la plantación, donde se desarrolla la historia. Empeñada en disuadir a los "esclavos" de liberarse por medio de sus enseñanzas, Grace cae nuevamente en una decepción. Grace comprueba que las leyes de "Mam" bajo las que se rigen los esclavos han sido diseñadas prácticamente por ellos mismos. Del mismo modo, en *El Anticristo* (2009) Von Trier como guionista y director del film, explora la condición humana y sus múltiples contradicciones en la pareja protagónica. Lars Von Trier elabora los lugares/topos oscuros y sórdidos creados por la humanidad. En *Dear Wendy* (2004) un grupo de adolescentes en un pueblo de los Estados Unidos crean una secta cuyos dioses son las armas de fuego, pero al mismo tiempo se autoproclaman ultra pacifistas. La naturaleza humana en conflicto se explora en estos espacios físicos y psicológicos en la cinematografía del director y guionista danés.

Este libro de ensayo intenta mostrar una mínima sección de estos espacios (topos) del pluriverso narrativo y mapa cognitivo analizando nueve obras de ocho autoras y autores contemporáneos. El *Zeitgeist* teórico que une a estos ensayos es el Posmodernismo como estética; en particular, se exploran los espacios físicos, textuales, narrativos, sociales y psíquicos. Por medio de la deconstrucción, los ensayos contextualizan y entablan un diálogo con los siguientes teóricos del pensamiento posmoderno: Roland Barthes, Jacques Derrida, Carl Jung, Friedrich Nietzsche, Gilles Deleuze, Michael Foucault, Julia Kristeva, Bataille entre otros. Especialmente las lecturas de las obras analizadas se alinean con la ruptura de centros hegemónicos en lo social, cultural y narrativo. Los temas que unen estos ensayos se refieren a los espacios de estos pluriversos, término acuñado por Walter Mignolo en referencia a la diversidad cultural, social, política, etc. El término pluriverso es tal vez más exacto para definir las variadas cartografías y abrir el ámbito de "lo uni – uno – único – verso", que como afirma Mignolo, es también restrictivo (35). Los ensayos analizan las diversas columnas culturales forjadas en los estamentos sociales. Los estudios se abren al cuestionamiento de los espacios creados en la literatura debatiendo los parámetros o aparatos ideológicos altusserianos que subsisten en el entorno. Uno de los temas a cuestionar es el concepto de divinidad concebido así en la cultura. Tomando el concepto de Dios como entidad ubicua, omnipresente y ominisciente pluriversal se parte de la premisa en contra del totalitarismo teológico, que existe la concepción de una diversidad de divinidades y no una única y verdadera divinidad. Tanto el dios cristiano, como Alá, Buda, Lao- Tsé, Confucio, Zoroastro, el Inti de los incas son al igual "dioses" o concebidos como tal por ciertos grupos o culturas. En la reciente película animada *The Rabbi's Cat* (2011) Antoine Delesvaux y Joann Sfar representan la mixtura de religiones y la imposibilidad de encontrar ese lugar perfecto "donde no hay racismo, ni violencia por la religión". *The Rabbi's Cat* es una sátira a la intolerancia religiosa que recrudece en este siglo XXI y que divide sangrientamente en lugar de unificar. El gato parlante, sin nombre, parece ser el más lúcido de los personajes al inquirir racionalmente sobre los diversos ritos y creencias de las religiones.

Mignolo afirma que potenciar el argumento del pluriverso/ multiverso solidifica la idea de las diversas y variadas posibilidades dentro del contexto social y amplía el caudal de voces y su proveniencia en el ámbito cultural. Kaurismäk, director finlandés, muestra esta noción en sus films al mostrar el mosaico de culturas y una vista a la pobreza de los países nórdicos. Se observa en estas películas, la cara de la indigencia en el primer mundo europeo. Aki Kaurismäk, abre ventanas culturales al mostrar ancianos en *Le Havre* (2011) que sobreviven a duras penas gracias a la caridad en París, pero que a pesar de sus propias carencias económicas sienten solidaridad y empatía por inmigrantes africanos y asiáticos. En *El hombre sin pasado* (2002), Kaurismäk muestra la otra cara de su nativa Finlandia mostrando los bajos fondos del país escandinavo, la delincuencia y precariedad de la marginalidad social y moral. Las múltiples muertes del protagonista, en este caso, son una metáfora de la capacidad de reinventarse del ser humano y reconstituirse/renacer en variados contextos o adversidades y remapear su cosmos.

Otra cuestión que se establece en el volumen es el tema de género. El género como lugar/no lugar/mal lugar ha sido también estudiado y tomado en cuenta en las últimas décadas por filósofos, críticos, feministas y/o geógrafos. Los lugares consignados para mujeres u hombres son determinados en forma de topos laborales (profesiones), públicos (lugares de esparcimiento), sociales (estatus marital), y de experiencias vitales incluyendo la actuación sexual. La obra seminal de Virginia Woolf, *A Room of One's Own* (1929) observa las diferencias y percepciones en el imaginario social sobre estas limitaciones y fue precursora en examinar los espacios vetados para las mujeres en la Inglaterra de inicios de siglo. En América hispana, la voz poética de Sor Juana Inés de la Cruz fue contundente al denunciar los espacios diminutos asignados para la mujer en el siglo XVII. El hecho de formular esta coyuntura es imprescindible para identificar las formas heterogéneas de ocupar el espacio concreto, simbólico, social y por ende estético. Este libro reflexiona sobre las construcciones ficcionales del mundo y los personales biótopos y colectivos que alternan en lo social, cultural, sexual y político.

El capítulo I es un recuento de la estética del Boom y Posboom en relación con los espacios distópicos o mal-lugares y sus representaciones y crítica en Latinoamérica. En el capítulo II, III, el género se examina en los análisis de la obra de Clarice Lispector. En el capítulo II, *A Hora da Estrela* (1977) se estudia el microlugar de la protagonista Macabéa en la sociedad brasileña carioca como mujer. El estudio compara a la protagonista de un clásico de la literatura distópica, Lenina Crowne en *Brave New Worl*d y cómo se asemeja a Macabéa. En ambos casos, tanto Brave New World como Río de Janeiro son el marco desde donde las mujeres son colocadas en lugares subalternos. El capítulo III retoma a Clarice Lispector, esta vez basándose en las ideas de Gilles Deleuze y Félix Guattari sobre "el cuerpo sin órganos" y su predominancia en la obra *Água viva* (1973). En el capítulo IV se estudia la obra de Mario Vargas Llosa, *Elogio de la madrastra* (1988) a propósito del "no lugar" del placer sexual de la mujer y vetado desde los cimientos culturales. El capítulo V, examina la obra de Jorge Luis Borges, "El Zahir" (1949) y su relación con el lugar distópico de la cultura judeo-cristiana por antonomasia: el infierno. El capítulo VI analiza la vejez como heterotopía en "Un señor muy viejo con unas alas enormes" (1955). El capítulo VII desarrolla un estudio de las diversas dimensiones en la obra de Diamela Eltit, *El cuarto mundo* (1988) y la alegoría de la sociedad como distopía. En capítulo VIII el no lugar o lugar que existe de manera invertida, o el punto heterotópico se estudia en *Solitario de amor* (1988) de Cristina Peri Rossi. Aída es la protagonista y la musa/diosa del narrador sin nombre. En el capítulo IX, la obra infantil y juvenil de Carmen Boullosa es el centro del estudio de las distopías. En este capítulo se entrelazan los cuentos de Boullosa y sus resonancias y referencias de la literatura narrativa distópica (escrita y fílmica) canónica y moderna. El capítulo X la obra de Luisa Valenzuela, *El gato eficaz* (1972) es examinada como un texto disidente que cuestiona los códigos e interpelaciones althusserianas a las que está sometido el sujeto social y que expone el caos distópico en el que se encuentra inmerso el individuo contemporáneo.

Los autores de las obras analizadas pertenecen cronológicamente al llamado Boom y Posboom latinoamericano con excepción de Borges. El autor argentino es incluido por ser un antecedente claro de los autores del Boom latinoamericano. John Brushwood entre otros estudioso del Boom afirma que tanto Borges como Lezama Lima son la base estética del Boom: "Latin American Literary Boom (a phenomenon of the Sixties and Seventies) and the "new novel" in Spanish America dates from the forties" y explica la yuxtaposición temática y artística entre autores como Lezama Lima/García Márquez y Borges/Cortázar (16). Por tanto, Brushwood los clasifica como autores "Pre-Boom" y una influencia incontestable de la formación estilística del Boom. (16) No obstante, este *no es un libro sobre la estética de estos movimientos, ni la historia del mismo y no pretende ser una guía comprensiva sobre estas corrientes.* Los análisis en este volumen reflexionan a partir de la construcción de espacios variados, físicos, psicológicos, mentales, simbólicos que se generan en el atlas literario como distopías. Los trabajos se alinean con el pensamiento o estética Posmoderna que surge como movimiento, aunque no como estilo o ideología, a partir de las últimas décadas del siglo XX y el siglo actual. En el Posmodernismo, los límites del arte se abren de forma inconmensurable y se establecen mezclas, enfrentamientos, fusiones y la naturaleza híbrida que caracteriza a esta época vigente se solidifica. En particular, las lecturas en este volumen intentan mostrar la actual preocupación filosófica sobre los espacios tanto físicos como virtuales y su incidencia en las representaciones de estos en la narrativa literaria y fílmica.

Capítulo 1

Boom/ Posboom Literario en Latinoamérica: distopías y heterotopías

La primera parte del volumen examina cinco escritores del Boom/PreBoom literario latinoamericano: Mario Vargas Llosa, Jorge Luis Borges, Gabriel García Márquez y Clarice Lispector. La segunda visita las obras de Diamela Eltit, Carmen Boullosa, Cristina Peri Rossi y Luisa Valenzuela.

La inclusión de dos de las obras de Clarice Lispector la reubica y reivindica en el grupo de los escritores del Boom Latinoamericano. Como es sabido, Lispector fue prácticamente excluida de este grupo de autores que surgieron en la década de los sesentas y setentas. Esta falta llamó la atención en los años recientes, lo que suscitó un encuentro en La Casa de las Américas en Madrid en abril del 2012. El ciclo de ponencias se titulaba: "Los olvidados del Boom". De todos los relegados de este "club de hombres", Clarice Lispector era la única mujer. La estética de Clarice Lispector es indiscutiblemente experimental en muchas de sus obras, tanto como, por ejemplo, *Rayuela* de Julio Cortázar u "Ojos de perro azul" (1950), *Un señor muy viejo con unas alas enormes* de Gabriel García Márquez, o *Aura* (1962) de Carlos Fuentes sólo por mencionar algunas. El capítulo I y II rescata la figura de Lispector como una de las autoras latinoamericanas más influyentes y poéticas del siglo XX. Su obra incluso trasciende e impacta a las feministas europeas como Helene Cixous y Luce Irigaray quienes elaboran teorías basándose en su escritura. El lenguaje intimista, metafísico y simbólico de la escritora brasileña nacida en Ucrania se analiza en sus obras *Água viva* (1973) y *A hora da estrela* (1977) en este volumen.

De hecho, Susana Draper re-evalúa el Boom literario como definido por la pertenencia al espacio estético, espacio político o comercial. Draper afirma que durante la guerra fría que coincide con la época del florecimiento del Boom, las posiciones políticas de escritores determinaban o influenciaban, conscientemente o no, su escritura. Además, crece la importancia de un nuevo criterio mercantil que resultó en una crisis en el campo literario tradicionalmente constituido por el desinterés o la improbabilidad para el escritor de ganar dinero como artista. Como consecuencia o respuesta, se cambia la valorización de las obras que las sentencia basado en su éxito comercial: si se vende fácilmente, no tiene valor duradero. Todos estos eventos cambian la dinámica de la crítica literaria durante el Boom impulsando la división simplificada de escritores en "conmigo-contra mí" y desviando la atención de su verdadero valor literario. Esta coyuntura y el hecho de ser mujer alimentaron la exclusión de escritores como Clarice Lispector por motivos extra literarios.

El capítulo III re-contextualiza la obra de Mario Vargas Llosa, *Elogio de la madrastra*, 35 años después de su publicación, en los términos propuestos por la teoría cultural posmoderna. Esta lectura propone considerarla en la base más amplia que los rasgos principales de la nueva narrativa latinoamericana definidos por el Carlos Fuentes como: mito, estructura y lenguaje. El análisis se basa en la idea del Marianismo estudiada por Zayra Avi y en la teoría de la transgresión de George Bataille. A través de este argumento se estudia la dualidad híbrida y fronteriza de la mujer latinoamericana y su función como madre. Entre los casos analizados de la dualidad, se menciona la síntesis peculiar de lo sagrado y lo profano en la figura femenina creada por la cultura: la figura de la madre virginal y diabólica-sexual a la vez. Esto último extrapolado a la sociedad mexicana es estudiado por Ricardo Gutiérrez Mourat en su estudio sobre *La muerte de Artemio Cruz*y la naturaleza híbrida del mexicano. (35)

El Boom literario se caracterizó también por su aspiración a pertenecer a una república mundial de las letras y por entablar lazos en las fronteras literarias nacionales. El movimiento cultural del Boom establece la relación con Europa y la internalización de las literaturas hispanas como la batalla contra su invisibilidad, hacia su reconocimiento. Los procesos de modernización necesarias para esta internacionalización se desarrollan con la mayor fuerza en el principio del siglo XX y en los años 1960s, debido a adelantos tecnológicos, los cambios y sensibilidad, las nociones de universalismo y concordancia, etc. Así lo indica también Claudio Maíz quien afirma que las aspiraciones universales no anulan las particularidades de las literaturas nacionales, sino que tratan de la reubicación cultural dentro del contexto internacional (225). El Boom buscaba el establecimiento del espacio común latinoamericano frente al europeo y la redefinición de literaturas en relación con la nacionalidad.

Las novelas del Boom además re-evalúan los conceptos de lo "local" asociado con la nueva novela latinoamericana y lo "universal" característico de la novela contemporánea de la época del Boom. Según señala Maíz en otro trabajo (La polémica 130), las obras del Boom intentan contestar la pregunta si la noción de lo universal equivale a la idea de la superioridad de la novela de este movimiento. Lo temporal y espacial en la novela del Boom se desplazan como categorías mismas como en el Capítulo IV y V sobre "El Zahir" y "Un hombre muy viejo con alas enormes". El universalismo se explica por la nueva y más compleja realidad y los emergentes problemas del siglo XX, no fácilmente expresados por medios tradicionales del lenguaje. Por lo tanto, el centro creativo de la novela del Boom consiste de la exploración del poder del lenguaje, la experimentación con éste y la ampliación de la temática de la condición humana que resulta en la ruptura con el realismo y que se observa claramente en la obra de estos autores. El estilo novedoso y a veces chocante que resulta, es el medio y no el fin de expresar esta temática y la nueva realidad.

En la narrativa del Boom se explora la aplicación de la hipótesis de Derrida que la expresión oral provee el medio más inmediato y afinado para transmitir la verdad y los sentimientos más íntimos del alma, o el concepto del fonocentrismo derridiano. Mucha de la obra de Cortázar y José Donoso, por mencionar algunos, demuestran la fuerte tendencia intelectual elitista que se opone a la tradición oral fácilmente accesible a la comprensión de masas. En este contexto Renato Martínez analiza cuatro cuentos: "Casa tomada", "Las puertas del cielo" de Cortázar, y "Lejana" y "Paseo" de José Donoso (54-63). Los intelectuales encerrados en su mundo literario o su "torre de marfil" nutren el antagonismo entre la escritura intelectual y la tradición oral del pueblo, o la oposición grafema- fonema que se expresa en varios matices metafóricos textuales. Por lo tanto, la narrativa del Boom latinoamericano revela el desplazamiento del enfoque fonocéntrico hacia la tendencia de la *écriture* intelectual cuyo ejemplo más concreto es la obra de Jorge Luis Borges.

Otra de las tendencias de los escritores del Boom, en novelas como *La muerte de Artemio Cruz* (1962) de Carlos Fuentes, es explorar el pasado y la correspondencia de todo hispanoamericano con los orígenes del subcontinente. En esta relación coexisten dos visiones: la utopía y la violencia/distopía, lo europeo y lo indígena, el buen salvaje y el caníbal. Carlos Fuentes es otro de los autores considerados emblemáticos del Boom. El ensayo de Octavio Paz *El Laberinto de la Soledad* (1950), aunque anterior al Boom, proyecta una visión nacional en las obras de los autores mexicanos. La novela de Juan Rulfo, *Pedro Páramo* (1955) y/o muchas de las obras de Carlos Fuentes se conectan a través del nexo entre la política y la cultura ya que en esta coexiste una crítica cultural dirigida en contra de los mitos de identidad mexicanos con una visión crítica de la Revolución traicionada.

Posboom latinoamericano

Así como en el Boom Literario Latinoamericano abundan los escritores, en la época llamada el Posboom ochentas y noventas ocurre lo contrario. Especialmente en las primeras décadas que siguieron a la famosa explosión de escritores, la generación de escritoras fue cada vez en aumento. La estética del Posboom es eminentemente posmodernista Los escritores del Posboom exploran temas innovadores desde variados ángulos. Severo Sarduy, Cristina Peri-Rossi, Alfredo Bryce Echenique, Luisa Valenzuela, Antonio Skármeta, Manuel Puig, Reynaldo Arenas, Isabel Allende entre otros se vinculan con la emergencia de formas de relatar desde una posición crítica y poética usando el humor, los asuntos de género, la política y/o movimientos sociales como *leitmotivs* o fondo de la narrativa. Esta época vuelve a examinar la realidad de los países buscando disputar documentos históricos y oficiales. El Posboom se vincula con las obras que aparecen después de la explosión de escritores que caracterizaron al llamado Boom, por lo que los márgenes temporales de este movimiento son amplios. Los representantes de esta generación entre las cuales Luisa Valenzuela, Cristina Peri Rossi, Diamela Eltit, Carmen Boullosa, cuyas obras están analizadas en este libro, rompen con los cánones establecidos aspirando a contar la "verdadera" historia de los fracasos sociales, políticos y culturales. Una de sus innovaciones más importantes fue la novela testimonio, una forma híbrida entre el periodismo, las ciencias sociales y la ficción que fijaba atención en el universo masculino enfatizando sus pesares y carencias. Esta combinación de una novela sin ficción, novela-realidad o crono-novela tenía como una característica sobresaliente el final abierto que la presenta como historia en proceso y es espacio alternativo textual, psicológico y genérico de la narración.

Otra característica importante de los escritores del Post-Boom es la escritura "femenina" testimonial que explora su propio discurso y trata la literatura como un medio provocativo de auto-exploración que permite la ruptura con símbolos y mitos intocables y hasta entonces poco visibles. Estas escritoras, en particular Estela de Izaguirre, Cristina Peri Rossi, Alejandra Pizarnik, Elena Poniatovska, Ángeles Mastretta, Diamela Eltit entre otras, también exploran vulnerabilidades masculinas y protagonizan hombres-víctimas sin autoconfianza persiguiendo a la otredad. Todas estas escritoras, sirviéndose del nuevo género retratan debilidades masculinas colocándolos en el espacio marginal tradicionalmente reservado para las mujeres enfrentando fallas de su sociedad y situaciones de discriminación, abuso y censura desde un nuevo ángulo. En contraste con los escritores del Boom, muchas de ellas lo hacían desde sus propios países corriendo riesgos de persecución y censura, no conocidos por los primeros, que principalmente escribían desde la emigración.

El mal-espacio o la distopía en la literatura latinoamericana

El género distópico se genera en Rusia, después de la revolución bolchevique (1917) y el consecuente régimen Leninista, y Stalinista después. *We* (1921) de Zamyatin se considera la novela que marca el inicio del género distópico a nivel mundial. Los escenarios en mundos futuros o en espacios alternativos con reglas y restricciones que oprimen a los sujetos es el común denominador de las distopías. En esta época proliferan las obras de Aleksandr Solzhenitsyn, Feydor Dostoyevsky, Chernyshevsky, los hermanos Strugatsky y Platonov. Las subsiguientes obras de Ayn

Rand, Aldous Huxley, George Orwell, Ray Bradbury, Anthony Burgess, William Burroughs, Margaret Atwood, Joanna Russ, Kurt Vonnegut, H. G Wells entre otros escritores reactivan la literatura del género distópico de la primera generación. La literatura forja en la ficción distópica los antecedentes de un género que se extiende y renueva en el siglo XXI. Recientemente, Alain Bourret, ha logrado una poética versión musical: *Zamyatin We: A Musical Adaptation* (2016), lo que reafirma la vigencia del tema en este momento. Actualmente en la literatura para jóvenes-adolescentes en español (JA), que es la contraparte de la literatura para jóvenes y adolescentes o "young adult" (YA) en el mundo anglosajón, abunda la temática sobre mundos futuros espeluznantes. Las teorías pos-humanistas destacan el estudio de una generación de nuevos seres, donde la tecnología ha avanzado al punto de lograr la desaparición del humano y la aparición de los mutantes humanoides.

En las lecturas distópicas tradicionales se distinguen tres líneas temporales generales: 1) espacios futuros 2) espacios alternativos; pueden ser o no en el futuro 3) espacios paralelos; ocurren de manera simultánea y presentan una mayor complejidad. Si bien es cierto el género distópico está rotulado como tal en muchas de las obras canónicas del género, en general la literatura distópica incide en la rebelión ante su entorno. Keith Brooker afirma que la literatura distópica, más que un género en particular es "(an) oppositional and critical energy or spirit" (3). De hecho en América Latina, la tradición de este género rotulado así ha sido escasamente desarrollada. No obstante, existen numerosas obras que retan los elementos sociales y/o culturales a los que se encuentran sometidos y que pertenecen por este motivo al género distópico. Se puede inferir que los análisis de las obras en este libro pertenecen a la segunda categoría; los espacios distópicos paralelos, ya que surgen a la par del discurso actual desmembrándolo e interrogando las fuerzas que lo sostienen. El término distopía observa variadas definiciones. La definición etimológica por un lado lleva a la descripción de mundos aterradores, donde el individuo ha sido despojado de su humanidad y libertad. Como argumento en el capítulo 2 y 9, las obras distópicas se centran en la falta de este espacio ontológico. Hay un constante vacío y las paredes se estrechan en el mundo que circunda a los personajes. Por otro lado, la distopía literaria se relaciona con sociedades futuras o presentes, pero tienen el punto en común la deshumanización paulatina de los habitantes. En el reciente estudio de distopía en la literatura infantil y juvenil, Carrie Hintz y Elaine Ostry afirman que la distopía puede referirse a la temática de la obra, los personajes y su reacción al ambiente en el que viven, el ambiente *per se*, la "intención" del autor y/o a la interpretación del lector/crítico. (3)

Los análisis de las obras en este volumen como distopías/heterotopías se ajustan a lo que John Stephens llama "critical content analysis" (1), ya que las novelas son estudiadas a partir del significado en el texto donde se explora la experiencia humana. Stephens explica: "Content analysis [...] plays a foundational role at this point [...] because its focus will be on representation of human experience [...]" (vi). En el trabajo, se describen seres humanos "normales" donde se enfatizan y debaten los márgenes de esta "normalidad". Lo definido como esencial en la cultura es desafiado en representaciones que denuncian ciertos aspectos ontológicos del mundo moderno y posmoderno. La conceptualización del ser humano se rearma en las narrativas replanteando la significancia del "ser humano" en la época actual, su posición, espacio, intereses, valores y propósitos vitales. Las lecturas de las obras a su vez dialogan con la condición material del ser humano en el espacio en el que habita, así mismo observan el desarrollo de su proyecto ético-filosófico en una época de tecnología ultra avanzada, ingeniería genética y bombas nucleares que amenazan y redefinen su condición y espacio. Las distopías contextualizadas en este libro de ensayos aluden y proyectan la preocupación filosófica por el horizonte ético humano y su propia búsqueda. El mal-lugar o mundo distópico se materializa textualmente como tema universal vigente cuestionando hábitos, tradiciones y prácticas del mundo actual invitando a una reflexión. Las obras pertenecen a Latinoamérica; pero los temas estudiados en ellas abarcan un espectro mayor al ámbito geográfico latinoamericano, como un pluriverso que se aplica a múltiples realidades de la experiencia humana.

Revisión de crítica: distopía en la literatura latinoamericana

La crítica literaria que se ocupa del tema de la distopia en la literatura latinoamericana es bastante escasa. En ella se permite observar que hay temáticas definidas donde se cuestionan varios planos sociales y/o culturales. La mayoría de obras se enfoca en la crítica a la esfera sociopolítica seguida por la crítica a la ciudad moderna, luego se ocupan de la subversión de lo real y finalmente, el tema que ha recibido notable menor atención es el de la distopía de género o sexual. El estudio de Andreu Domingo, *Descenso literario a los infiernos demográficos* (2008) hace un recuento de lo escrito sobre este asunto en la literatura anglosajona. En particular, Andreu Domingo se centra en las distopías de tipo poblacional, donde los gobiernos restringen las libertades individuales relacionadas con la procreación. En la filmografía este problema se explora en películas como *Zero Population Growth* (1972) o *Code 46* (2003). En ellas, la sobrepoblación mundial ha llevado a pobreza generalizada y, en consecuencia, a extremos de regulación demográfica también extremas. Este tema se representa en el género cinematográfico combinando los efectos del incremento en la población y sus repercusiones sociopolíticas. *Blade Runner* (1982) basada en la novela de Phillip K. Dick *Do Androids Dream of Electric Sheep*? (1968) es la pionera en mostrar los efectos de adelantos científicos que dan como resultado androides/humanoides llamados "replicantes". En los años noventa, *Gattaca* (1997) es un mundo futuro que clasifica y organiza a los humanos según su estatus de ADN. Sólo los humanos biológicamente "perfectos" pueden acceder a los privilegios que otorga una clase élite y genéticamente manipulada. En *The Island* (2005), una colonia compuesta de clones humanos en una sociedad futura espera su partida a "la isla". Este lugar, supuestamente idílico es el fin que todos esperan alcanzar. La isla es en realidad un engaño. El hecho de ser elegido para partir hacia este preciado lugar, se traduce en la llegada de la muerte. La compañía de seguros se encarga de proporcionar a su cliente, el que ha pagado millones para producir este clon, los órganos necesarios provenientes de su clon. El ser fabricado genéticamente es entonces usado como donante de órganos para así alargar la vida del cliente.

En las lecturas de este volumen además de examinar el ámbito social en relación a la distopía, tan frecuente en este género, se incluyen los análisis literarios sobre las distopías de tipo sexual, cultural y de género.

En cuanto a la crítica sobre la distopía socio-política se destaca la investigación de Milena Rodríguez Gutiérrez de la poesía cubana tratando de la historia de la isla, varios trabajos sobre el contexto político dictatorial en Sudamérica, la visión del teatro latinoamericano en términos de la distopía principalmente socio-política de Lola Proaño-Gómez, y otros. También, el trabajo de Odette Casamayor Cisneros sobre la narrativa cubana post soviética incide en la relación entre utopía, distopía y la situación política de Cuba. Ambos estudios se centran en Cuba y las secuelas de la situación política en la literatura de la isla.

Es lógico empezar el tema de la distopía en Latinoamérica con los trabajos que se enfocan en el análisis de la llegada de Colón a América como inicio de la estética distópica. El primer mapamundi que incluye el nuevo continente creado por Martin Waldseemüller es la representación de la dis/mal topía/lugar por excelencia. El sueño utópico por antonomasia era el Nuevo Mundo. De hecho, el lugar paradisíaco en *Utopía* (Moore 1516) está situado en América. Lo que fue utopía para los colonizadores se convierte a su llegada para los colonizados en un lugar de muerte y sufrimiento. Por otro lado, Waldseemüller no reconoce a Colón como el descubridor del nuevo continente y lo nombra "América" en honor a Américo Vespucio. Este último llegó a América siguiendo la ruta de Colón. El lugar del autor/descubridor es desplazado a otro. Se especula que esto ocurrió debido al posible judaísmo de Colón. No se sabe con certeza cuál es el origen de Colón, pero varios estudiosos apoyan la hipótesis de su origen judío (Amler, Myer, Wiesenthal,). Bartolomé de las Casas, el transcriptor de su diario y arzobispo de Chiapas, alude en este documento que Colón hablaba una lengua extraña con sus hermanos Diego y Bartolomé. La mezcla de idiomas en el diario: portugués, español, italiano además de la insistencia en afirmar que su empresa era una "empresa de Dios" encaminan a apoyar estas hipótesis. Otros afirman que Colón buscaba la tierra prometida para el pueblo judío, perseguido como se sabe, sobre todo a finales del siglo XV. Es posible que Waldsemüller, sacerdote católico alemán que conoce el origen del navegante, despojara a Colón de la autoría del descubrimiento. El descubrimiento de América representa la relación equívoca y contradictoria entre distopía/ utopía/heterotopía que se desarrolla en este libro.

El descubrimiento de América y encuentro de dos culturas presenta la posibilidad de la nueva utopía para los occidentales, pero con múltiples ramificaciones distópicas para los pueblos indígenas. La poesía cubana de siglos XIX y XX analizada por Milena Rodríguez Gutiérrez, proporciona un excelente ejemplo de la transformación de la visión utópica y paradisíaca del nuevo mundo (específicamente, la isla de Cuba) en la perspectiva negativa, la descalificación del mito. La investigadora llama este discurso negativo "contracolombino" (330) que crece en intensidad a medida del paso del tiempo. De este modo, en el poema anónimo "A la isla de Cuba" observamos la abundancia de las imágenes y referencias al clima y a la naturaleza de la isla que chocan con los epítetos positivos ("feliz morada de alacranes/mansión de filarmónicos mosquitos", "fértil país de cucarachas", "tierra feliz donde el sol radiante/ el cerebro derrite a los humanos"). Se presume que el poema fue escrito por un guardia marino español desesperado por la nostalgia. (331) La crítica denomina el poema como "anti-colombino" pero aún se trata de un texto "más que de la distopía, de la anti-utopía, del hartazgo" (331), probablemente debido al tono semi-jocoso del mismo.

El espíritu contra-colombino se hace evidente en la poesía propiamente cubana de la poeta postmodernista Mercedes Matamoros (1851-1906) que subraya los contrastes entre el paisaje exterior y su incompatibilidad con la sutileza, los sufrimientos y la melancolía del alma poética que "permanece muda" al "himno de amor" del paraíso cubano ("Himno matinal" ([1894]). En otro poema "Mirtos de antaño" (1903-1904) ella se compara con "una exótica planta, desterrada" en el clima insensiblemente alegre de su patria a la cual le reprocha que es capaz "para albergar tan sólo al ser dichoso". Ángel Escobar (1957-1997) resuena a Matamoros en el poema "El otro" que hace un paso grande hacia la visión distópica pues no describe más a la isla en términos de belleza o paraíso aunque sea para los elegidos, sino usa epítetos abiertamente negativos: "la ciudad sucia", "el sol estéril", "la luna hembra". El espíritu contracolombino de la poesía cubana culmina y "alcanza su plenitud" (336), según Rodríguez Gutiérrez, en el siglo XX en el poema "La isla en peso" (1943) de Virgilio Piñera que también expresa el resentimiento y el desencanto del autor con imágenes sombrías y hasta lúgubres: "un velorio, un guateque, una mano, un crimen, revueltos, confundido, fundidos en la resaca perpetua." La crítica argumenta que las imágenes y metáforas particulares del poema logran transmitir "el sentimiento de naufragio y la pérdida de la noción de la singularidad de Cuba" (336). La inclusión del tema y el territorio cubano en el análisis de la literatura distópica es particularmente significativa ya que esta fue elogiada por Colón como la tierra más hermosa, las palabras a las cuales se refiere el autor anónimo del primer poema y que iniciaron el mito del paraíso cubano declarado como acabado en el poema descrito arriba. Su símbolo "se ha quedado ya vacío, mudo, como aquellos perros que encontró el Almirante en Cuba y en el Nuevo Mundo" (339).

El tema del descubrimiento de la América y el mito del paraíso asociado con ello es tratado de la manera original por Alejo Carpentier en *El camino de Santiago* (1958) analizado por Javier Domínguez-García. El crítico traza el paralelo entre el camino de Santiago y el viaje hacia el Nuevo Mundo, igual que entre las esperanzas invertidas en ambos. El protagonista Juan de Romero busca la libertad absoluta y rechaza la corrupción de España eligiendo simbólicamente el viaje hacia el nuevo Santiago. Sin embargo, ambos viajes son "parte del mismo mito creado por la necesidad de un escapismo social y político" (12) con la diferencia que el camino de Santiago representa el viaje ideológico y Santiago de Cuba "la extensión corrupta de la contrarreforma en América." Juan, decepcionado, regresa a España donde propaga el mito del Nuevo Mundo a otro personaje también llamado Juan cerrando el círculo y perpetuando el mito que, según concluye el crítico, 'triunfa sobre la condición humana'" (25).

Los conflictos políticos y religiosos que se desarrollan en el nuevo mundo como consecuencia de la conquista es otra etapa histórica importante que recibe atención en las obras latinoamericanas distópicas. *Pedro Páramo* de Juan Rulfo es un ejemplo que implica este momento como un punto de partida en el camino "del paraíso al infierno", según Eugenia Ma. Acedo Tapia, aunque la novela no contiene referencias explícitas a ningún período histórico en particular. Con la transformación de Comala, lugar anteriormente animado y alegre, en el infierno clásico demostrado por los elementos como la nocturnidad, la oscuridad, la soledad, la destrucción, etc., Rulfo expresa "uno de los eternos dilemas de nuestra condición humana: la eterna inaccesibilidad del pasado y el eterno fluir del tiempo" (550). El sentimiento de nostalgia que permea la novela se puede considerar "la nostalgia de ese mundo anterior a la lucha fratricida, a esa Revolución mexicana y la guerra de los cristeros, que arruinó a los pueblos y los campos de la patria de Rulfo y destruyó su hogar" (550).

El trabajo que continúa lógicamente el orden cronológico de los temas distópicos es el que analiza la unificación latinoamericana utópica tratada en *Ariel* de José Enrique Rodó (1900). La autora Lydia Vélez Román traza las etapas del desarrollo de la idea desde que fue originalmente propuesta por Bolívar y Martí y nota el progreso de las naciones latinoamericanas hacia la unión y la hermandad. Ejemplos son los varios acuerdos comerciales, colaboración en proyectos socio-económicos y políticos, logros culturales y científicos que resaltan y refuerzan el sentido del orgullo compartido por todas las naciones. A la misma vez, múltiples conflictos y dictaduras militares, corrupción, narcotráfico y la desigualdad socio-económica han frenado el desarrollo y presentado obstáculos para la formación de un grupo dirigente de la juventud capaz de encabezar los esfuerzos para la unificación y progreso soñado por Rodó. Esta formación, según la autora, "es todavía una urgencia en este presente postmoderno, contradictorio y analítico de sí mismo y es claro que se requiere la inclusión de fuerzas dirigentes diversas" (33). La apariencia de tal grupo elitista que según Rodó no puede salir de masas populares, argumenta Vélez, conlleva la posibilidad distópica de abusos del poder y de la separación de la clase gobernante del pueblo. Sin embargo, este trabajo presenta la visión más optimista y más cercana de la utopía que la mayoría de los críticos que tocan el tema. Vélez afirma que la utopía rodoniana no ha muerto sino "se ha reconstruido, ya sea en virtud de una condición posmoderna pesimista u optimista" (34).

El tema pesimista del apocalipsis es, sin embargo, más consistente con el género distópico y aparece con frecuencia particularmente en las obras de la literatura mexicana, según la investigadora Rosa María Díez Cobo, tal vez debido a la mezcla particular de las creencias religiosas hispano-aztecas en este territorio. El concepto de "eterno retorno" que hacía parte de cultos aztecas, combinado con dogmas religiosas cristianas inspiraron "tendencias fatalistas en el espacio hispano-azteca" (912) que se sirvieron de base para obras como *Cielos de la tierra* (1997) de Carmen Boullosa que revisa la historia mexicana con la mezcla de estilos narrativos "la metaficción historiográfica, o recreación novelada de la historia, la autobiografía y la ciencia ficción" y de idiomas. (913) Con la historia trágica de un indígena convertido al cristianismo y criado por los franciscanos, que se ve negado de la posibilidad de ser sacerdote por su origen étnico, la autora simboliza el fin distópico de los sueños ligados a las oportunidades ofrecidas por el nuevo continente. Otro personaje es de los tiempos modernos del fin del siglo XX que evalúa frustradamente el pasado de su país. La tercera es la sobreviviente de un apocalipsis en una catástrofe ecológica de origen humano. Su destino distópico tiene a la vez matices utópicos pues los sobrevivientes congregan en el espacio donde están creadas las "condiciones óptimas de habitabilidad y donde, sus habitantes, han buscado recrear un edén primigenio" (917).

Se trata entonces de un caso sugestivo el intento de conseguir el estado utópico en medio de la distopía, lo que presenta un contraste con la mayoría de obras de este género en las cuales la utopía se convierte en su opuesto. Sin embargo, la utopía de la plataforma salvadora requiere la eliminación de cualquier lazo o memoria del pasado lo que implica la creación de la nueva raza "desprovista de ideales y fundamentos intelectuales" (918). Se trata del tipo de distopía que pasa por varias etapas antes de cerrarse el círculo: se convierte en utopía, hace un recorrido inverso (en vez de empezar con la utopía) que inevitablemente se funde con su cara distópica, sombría y oscura. En estos textos se observa una luz de esperanza en los intentos de los personajes de recuperar la historia a través de traducciones y la conservación de textos pero su fin es incierto ya que "a su alrededor el mundo se desmorona, entrando en el mayor de los caos" (918).

El tema apocalíptico y visiones pesimistas del futuro características del género de ciencia ficción reciben atención en el trabajo de Fernando Reati "Ciudad futura y distopía en la novela argentina de fines de siglo." Reati explora la transformación distópica del espacio urbano físico y real en finales del siglo XX, y su conversión en la "ciudad imaginaria" examinada en varias novelas argentinas, entre cuales *Manual de historia* de Marco Denevi (1985), *La Reina del Plata* de Abel Posse (1988) y *El aire* de Sergio Chejfec (1992). Las fuerzas negativas principales que estimulan premoniciones apocalípticas aquí son efectos deshumanizantes del neoliberalismo y globalización. La incongruencia entre los proyectos modernos urbanos, o "simulacros del primer mundo" (38), y una ciudad "ghettoizada", polarizada y deshumanizada constituye la distopía de la "ciudad imaginaria" (39). Una de las novelas bajo análisis presenta la visión de Buenos Aires internacionalizada y sometida a la cultura americana, lo que se demuestra en la influencia económica y cultural (ejemplo es el lenguaje juvenil "arginglés" lleno de la influencia de hibridismos).

Otra novela, *El Aire* de Sergio Chejfec (1992) se trata de la invasión de la naturaleza e intento del retorno utópico a las raíces agrícolas que resulta en la hibridez grotesca, mutación de la realidad y en catástrofe meteorológico. Examinando estos ejemplos, ambos autores argumentan que la ciudad distópica imaginaria parcialmente hecha realidad es el reflejo de sus habitantes, que demuestran la ruptura con valores sociales y morales. Lamenta la pérdida del espacio familiar en la modernidad primero dominada por el terror del estado, y luego por el terror del mercado. La economía neoliberal también amenaza el futuro de los paisajes, ecología, territorios geográficos, culturales y existenciales de Chile y por extensión, de todo el planeta en *Chile en Llamas* de Darío Oses (1998) investigado por Juan Gabriel Araya Grandón. La industrialización y la economía del país producen deformaciones grotescas incluyendo la Cordillera de los Andes retratada como símbolo sobresaliente del paisaje nacional. El resultado es el "antipaisaje (una acuarela urbana devastada como representación de la distopía)" (40) observado por un dirigible; se adivina un símbolo del panoptismo, o más bien en este caso la parodia del panoptismo siendo "un derrotado e inútil espectador a la deriva" (40). La destrucción del medioambiente es el comentario literario sobre la pérdida de la individualidad en la sociedad elitista y conformista de acuerdo con la política destructiva e imperialista del neoliberalismo. Según Araya, este comentario sirve para despertar la sociedad, "sacudirnos y pensar en torno al aniquilamiento progresivo de los lazos y energías vitales" (43).

Varios trabajos que analizan la utopía relacionada con la distopía son teñidas de color regional como, por ejemplo, el estudio de Marcin Kazmierczak sobre la imagen del "sur" en los relatos de J.L. Borges. Según él, "en el mundo literario de Borges casi todo es utopía" (699) en el sentido estricto de la palabra que significa "no-lugar", pues muchos relatos tienen el ambiente fantástico, mitológico y no concreto. A la misma vez, el crítico reconoce que muchos relatos y poemas de Borges descubren "cierta añoranza por algo muy concreto y real", por ejemplo "la violencia atávica y ancestral" (700) que, lógicamente, corresponde más bien a la esfera distópica no compatible con la palabra "añoranza" usada más apropiadamente en el sentido de nostalgia por algo hermoso. De esta manera, el ejemplo de Borges es semejante al previo estudio de la obra *Cielos de Tierra* de Carmen Boullosa, ya que el punto de partida en ambos es la distopía que adquiere carácter utópico. Borges, de la manera parecida a Boullosa, "cambia la perspectiva uniendo la utopía y la distopía frente a un espejo invertido," según Kazmierczak. (700) El símbolo de esta utopía distópica y la nostalgia por la barbarie romántica y poética para Borges es el Sur de Argentina. Así titula otro de sus cuentos que también presenta varios dualismos además de la utopía simbolizada en el espacio geográfico sureño y la distopía simbolizada por la capital y su civilización europea.

Otro dualismo del cuento está en el conflicto del alma argentina y europea dentro del mismo Borges que combina el amor al "primitivo folklore de los gauchos" y a la literatura y filosofía europea. Más posibilidades para la doble interpretación están en la lectura lineal de eventos del relato y la lectura siguiendo su estructura, o sea, en el orden invertido de los eventos cronológicos. Así vemos que la visión borgesiana invierte la distopía y la utopía presentándolas en el orden opuesto al orden más tradicional, utopía hacia la distopía.

El espacio austral del Cono Sur también atrae atención de la investigadora Jenny Haasy quien analiza el sur argentino y chileno desde el punto de vista utópico, distópico y heterotópico en las obras fílmicas, específicamente *Sur* de Fernando Solanas (Argentina, 1998), y *La frontera* de Ricardo Larraín (Chile, 1991). Haasy se enfoca en el período más reciente de los primeros años post-dictatoriales y en el significado ambivalente que ha adquirido esta región tradicionalmente considerada un lugar inhóspito y geográficamente extremo pero a la misma vez, que ofrece nuevas oportunidades para la exploración del continente y crecimiento de países. Durante la dictadura, la región obtuvo aún un nuevo significado para la memoria histórica convirtiéndose en el lugar de exilio y cárceles donde se torturaban a los enemigos y víctimas del régimen. En ejemplos de las películas, la autora nos revela la carga históricamente utópica de la región sureña en el sentido borgesiano (símbolo del espíritu libre y salvaje) que sigue vigente en los años de la dictadura (refugio y reposo para los personajes que huyen de la brutalidad de los militares).

A la misma vez es un lugar distópico pues es el sitio de encarcelamiento y torturas, y heterotópico (combinación de la utopía y la distopía, la cárcel como lugar físico real pero que se encuentra fuera de la supuesta "normalidad" social). Por lo tanto, el sur se proyecta en estas películas como lugarpolisemántico, el lugar "otro" que transmite "los traumas de la dictadura" y "esperanza individuales y colectivas, constituyendo un lugar cultural en el que se cruzan el pasado, el presente y el futuro" (314).

El vínculo entre el pasado, el presente y el futuro constituye también el eje de la película *La Antena* de Esteban Sapir (2007) en el trabajo de Sarah Ann Wells. La películacombina el género de ciencia ficción con aspectos formales de las primeras décadas del cine (falta de texto pronunciado). Algunos temas planteados en la película son el reino del mercado y el terrorismo del estado, la tecnología como promesa para el futuro mejor y "umbral de pesadilla", etc. El último tema, igual que el retrato de la ciudad como Buenos Aires del pasado y el espacio otro, permite al investigador trazar un paralelo entre esta obra fílmica y la obra narrativa de Borges. La película *La cabina* (1972) dirigida por Antonio Mercero también alegoriza el encierro del hombre moderno por los avances y su trágico final en la figura del protagonista caracterizado por José Luis López Vásquez.

Continuando cronológicamente con el período dictatorial, cabe mencionar el estudio del lenguaje particular de la poesía chilena de los años setenta y ochenta que presenta una alternativa al lenguaje oficial del autoritarismo. Oscar Galindo analiza los poemas de José Angel Cuevas y Raúl Zurita, cuyos libros llevan títulos llenos de carga distópica del sufrimiento: *Purgatorio (*1979*), Anteparaíso* (1982) que, sin embargo, vuelven más optimistas: *La Vida Nueva (*1994). El lenguaje alternativo de estos poetas es un discurso alegórico, simbólico y ambivalente que representa un intento de recuperar un espacio comunicativo perdido al régimen ideológico. La historia es otro campo de batalla presentado en esta poesía que los poetas disputan frente a la distorsión impuesta por el autoritarismo.

En el caso de *La Vida Nueva* de Raúl Zurita, observamos nuevamente la inversión de los papeles utópico-distópicos aparente en las obras de Borges y Boullosa analizados arriba: aquí también el sueño se convierte en respuesta, y la pesadilla en utopía. Sin embargo, el investigador considera la poesía de Cuevas como el intento más destacado de establecer un diálogo entre los sueños de transformación de la realidad y el arte como compromiso. En el artículo se hace mención también de las voces literarias femeninas que representan una metáfora importante de un país o el discurso durante la época de la dictadura como un cuerpo violentado (ejemplo de escritoras como Diamela Eltit, Elvira Hernández, Rosabetty Muñoz).

Uruguay es otro lugar considerado como fronterizo entre el estado utópico y distópico, entre la idealidad del destino de sueños de la nueva vida y la realidad que vuelve particularmente distópica para sus habitantes indígenas exterminados casi por completo. El espacio literario del país refleja esta mezcla de la realidad y la idealidad, la locura y la cordura y el sentimiento de la culpa y vergüenza que se quedó en la conciencia de los conquistadores blancos. Ana María Rodríguez-Villamil analiza los autores Miguel Ángel Campodónico y Armonia Somers como representantes del género distópico en Uruguay ya que parecen ser testigos de una realidad que defrauda. La investigadora nombra la novela *La Mujer Desnuda* de Somers escrita en los años 50; la primera novela de la literatura uruguaya que a la vez implica en su título un nuevo tipo de la distopía: la de la mujer en la sociedad machista. Los intentos de crear una nueva vida más igualitaria entre los sexos o "el deseo de una nueva ética" vuelven tradicionalmente distópicos y "el resultado del enfrentamiento de estas dos ideologías – una retrógrada y machista, la otra revolucionaria y feminista – es la imposibilidad de que triunfe la segunda" (214).

La novela de Miguel Angel Campodónico *Donde llegue el río pardo* es otra distopía que describe una visita al país desconocido y que desintegra en la locura de "un sin sentido, un *non sense* demoledor y aplastante" sin ninguna perspectiva de salvación (214). La investigadora encuentra que la escritura de Somers, por más distópica que sea, ofrece mayores posibilidades de una salvación o por lo menos la mayor vitalidad ya que "la respuesta de la mujer desnuda es una afirmación vital, aunque fracase" (215).

Continuando el tema de la utopía socio-política, el género teatral particularmente se une a la crítica y a la negación de la realidad; por lo tanto, a la expresión de la función utópico-distópica. El teatro en Latinoamérica muchas veces ha sido politizado y ha demostrado rasgos en común en varios países hispanos respondiendo a la misma realidad socio-política. Según Lola Proaño-Gómez, la función utópica del teatro latinoamericano ha sido tradicionalmente caracterizada por tres aspectos: crítico-reguladora, liberadora del determinismo legal y anticipadora del futuro. Esta función se modifica en el nuevo discurso teatral, enfocándose en los primeros dos aspectos. Al cambio, un futuro queda ambiguo e implícito dependiendo de la recepción e interpretación individual del espectador o lector.

En los espectáculos presentados en Cádiz en 1997 y 1998 *El pecado que no se puede nombrar*, *Otra Tempestad*, *No me toquen ese vals*, *El amateur* y *Conversaciones con Ernesto Che Guevara* analizados por Proaño-Gómez, la distopía, según ella se expresa principalmente a través del desengaño de las grandes utopías, como el marxismo y el feminismo, y la crítica sin piedad de las premisas utópicas. Proaño-Gómez afirma que los dos aspectos mencionados arriba, aunque expresan la crítica y la insatisfacción con la realidad, al mismo tiempo son aspectos positivos que desencadenan "una tensión moral" y la esperanza de un cambio que "aunque exhiba pesimismo y negatividad ante una realidad que se rechaza, afirma al mismo tiempo, ser el espacio para la expresión de las desilusiones, aspiraciones y esperanzas" (29).

La escritora argentina Ana María Shua investigada por Jamie Agins Lincow en su disertación, se enfoca en la distopía individual condicionada por la distopía social, la historia nacional y los antepasados étnicos (judíos). Las situaciones distópicas abundan en sus obras*Soy Paciente* (1980), *Los amores de Laurita* (1984), *El libro de los recuerdos* (1994), *La muerte como efecto secundario* (1997) y *El peso de la tentación* (2007). Una idea que permea todas estas novelas es la idea de la circularidad del tiempo y la repetición del pasado por lo cual los personajes no tienen solución o vías de escape de la distopía: "no pueden cambiar su propia situación ni en el presente ni en el futuro. Siguen siendo marginados en una realidad que los encasilla y los sofoca" (VIII).

El novela *Anda Nada* (2004) por el escritor venezolano Luis Britto García analizado por Luis Miguel Garcerán Vásquez propone una nueva visión distópica no arraigada en el contexto político o histórico. Se trata de la distopía metaliteraria que usa el lenguaje como medio de expresión de la fractura con la realidad y el sueño según demuestra el anagrama del título. Otro ejemplo de la distopía formal es la estructura particular fragmentaria, pues el libro está compuesto de un mosaico de minificciones no relacionadas pero agrupadas en ciertas secciones temáticamente. Esta estructura permite trazar un paralelo entre el lenguaje y la estructura fragmentaria por un lado y la realidad transformada en distopía por otro: "*Anda Nada* explora su carácter de compilación de minificciones para ofrecer un mosaico, un retrato fractal del entorno represivo que da una importancia pareja a la multiplicidad de perspectivas y lo que no se dice, a los significados implícitos" (669).

Por lo tanto, la novela otorga un gran poder interpretativo al lector activo y cómplice listo para prestarse al juego de descifrar o descodificar el texto distópico. Además, promueve una interesante "dialéctica intratextual" basada en ciertas isotopías relacionadas con el pensamiento distópico y consideradas importantes por el investigador: "el tiempo, la violencia rutinaria, los medios de comunicación y la esperanza" (669). La isotopía del tiempo se refiere a la posibilidad del fin del mundo (que también se usa como el título de una parte del libro) causado por catástrofe imaginaria, pero probable teniendo en cuenta la historia de horrores de la humanidad. La violencia rutinaria es una parte esencial que "no aminora el sufrimiento, pero lo hace previsible" (670) en el ambiente distópico que incluye la posibilidad de la guerra o "la máquina de la guerra" que destruye a los humanos (671). Los medios ayudan a controlar a los humanos quienes se olvidan qué es la ficción (o la propaganda) y qué es la realidad al estar enfrente del "tosco artificio de los platós televisivos" (671). Sin embargo, según observa el crítico, Britto también propone una solución para la manipulación de los medios: "la estática en la radio, las interferencias en el televisor o incluso la hoja en blanco ya que, desde un punto de vista lúdico, pueden estimular el pensamiento libre" (673). Por fin, la esperanza ante el entorno distópico "dispuesto por la autoridad" (673) se preserva en la inteligencia de los individuos que presenta el mayor peligro para el sistema de opresión o sumisión. Tanto en la novela de Britto García como en la novela de Luisa Valenzuela que se analiza en este volumen se maneja la noción de la distopía de una manera similar.

Otro ejemplo del análisis de la distopía literaria es el trabajo de Luz Rodríguez-Carranza quien se enfoca en la experiencia de lo nuevo que "desaparece en un rayo de sol, cuando desaparece el deseo: en el presente," (131) lo que presenta su fin distópico. La crítica ejemplifica su investigación con el libro *El Congreso de Literatura* de César Aira (1999) que describe el proceso de clonación de "un genio único, indiscutible e intachable: Carlos Fuentes" (127) por El Sabio Loco. El resultado distópico es la proliferación de gusanos azules gigantescos que invaden a la ciudad y la aplastan sin la posibilidad de "escapatoria posible" (130). El color es el símbolo del sueño utópico: el color ideal que propone el Sabio para Carlos Fuentes como símbolo de su seducción y su estilo, la combinación de realidad e irrealidad. A pesar del final distópico, la utopía literaria es más esperanzadora que otros tipos (socio-político, urbano, femenino, etc.) ya que implica la reproducción "del génesis de la creación literaria" (131) que equivale a "nuestro placer, nuestra risa" y libera a los creadores y participantes sin involucrar la distopía simultánea para los no participantes.

La crítica sobre la última categoría de la distopía analizada en este proyecto, la del género y sexualidad ha recibido más atención en los años recientes. Entre los escasos estudios, se destacan dos vertientes temáticas bien delimitadas: el análisis del motivo homoerótico transgresor que excluye o marginaliza a la mujer del ambiente homosexual anhelado utópicamente por el narrador, hasta la construcción y la afirmación de un nuevo discurso de la mujer. El análisis de tres novelas o más exactamente *Novelas en tres viajes* (1990) del escritor cubano Reinaldo Arenas por Rita Molinero combina la visión apocalíptica posmoderna de la ciudad como heterotopía según la definición de Foucault, con el paralelo entre el cuerpo y la ciudad o la realidad cubana. El último es consistente con el análisis anterior del cuerpo como paralelo histórico-político. En la parte *Que trine Eva* donde la narradora relata su fracaso matrimonial al amante imaginario constituye una "parodia del viaje a la utopía" en el cual los personajes saben desde el principio que la utopía no existe (161). Por lo tanto crean su propia utopía disfrazándose y exhibiéndose por las calles de La Habana lo que, argumenta Molinero, implica un acto de travestismo (la crítica alude al papel posible de *dragqueen* desempeñado por Eva) o transgresión de las conductas reglamentadas por el gobierno de la sociedad cubana. Este acto igualmente conlleva el acto de transformación o liberación, pues es seguido por la primera intimidad sexual entre los personajes. El asumir las nuevas identidades también ayuda a ocultar los verdaderos deseos o identidades de los personajes según la investigadora ya que ellos "aprenden a camuflar su eros prohibido hasta el momento propicio" (162).

La transgresión de los tabúes y la distopía aparecen con claridad en la última historia del texto de Arenas en la cual el protagonista Ismael se enamora de un joven que luego resulta ser su hijo y a quien la crítica define como su otro "yo". Molinero entiende bajo este desdoblamiento peculiar la capacidad salvadora del "deseo de un cuerpo semejante" (170) ya que el erotismo y la subversión del erotismo descrito en esta historia, que se relaciona también con el acto subversivo de escritura en la sociedad dictatorial, ayuda a "vencer el terror apocalíptico" (169). Esta idea se desarrolla de una manera similar en la película *Predestination* (2014), donde el protagonista vive en mundos futuros y presentes de un modo circular siendo siempre la misma persona, pero con distintos rostros. La abundancia de los temas transgresivos y homoeróticos en las obras de Arenas lleva a la investigadora a concluir que en su mundo "no hay espacio para mujeres." (165) En el cuento "El asalto" el personaje mata a su madre quien no aprueba sus inclinaciones homosexuales, y el tema del matricidio surge alegóricamente en otros. El motivo para esta transgresión es el papel represivo que desempeña la figura de la madre: ella no permite la realización de los sueños homosexuales de los hijos ni tampoco de su voz poética, sirviendo de tal manera como el respaldo del régimen. Por lo tanto, "sólo la destrucción de las madres, o la lejanía de sus mujeres, permite a los obsesivos protagonistas de Arenas el placer del texto, y del cuerpo" (166). Los textos de Valenzuela y el de Diamela Eltit que se analizan en este volumen, también tocan el papel de la madre como ente negativo en la construcción del mundo social.

El trabajo de Gloria Gálvez-Carlisle quien analiza "La Pasión de la virgen" (1990) de Lucía Guerra y *Horcajadas* (1990) de Pía Barros, se enfoca en lo contrario, en la fuerza liberadora de la sexualidad femenina. La investigadora explora el erotismo evidente de estas obras en conexión con los temas siguientes: "a) el de la búsqueda y expresión de la identidad femenina, b) el cuestionamiento de la autoridad en relación a la estructuras de poder y c) el de la formulación de un nuevo discurso femenino" (49). La nueva identidad liberadora de una persona que se descubre en la pasión física se expresa a través de la descripción del éxtasis de una virgen en "la Pasión de la Virgen" y a través de la apropiación de la voz narrativa masculina en la *Horcajada*, en la cual la mujer narradora toma la iniciativa sexual transgrediendo las normas sociales establecidas. La crítica analiza varios cuentos de las autoras mencionadas arriba en los cuales el cuerpo femenino representa el paralelo con la realidad histórica donde la mujer ha tomado el papel inferior y oprimido: así, en "De brujas y de mártires" la Guerra de la Conquista de la América paralela la violación de la mujer y en "Mordaza" nuevamente el tema de la violación y la tortura de la mujer se compara con la opresión de la entera sociedad sumisa al régimen dictatorial pero también refleja "una traición histórica" (54). Otro cuento que según Gálvez-Carlisle presenta el desafío a las normas de la sociedad aún dominada por el poder masculino es "Artemisa" de *A Horcajadas* donde la escritora representa el parto y la maternidad no desde la perspectiva gratificante y placentera de la madre santa (el papel tradicional de la mujer en la cultura latinoamericana), sino como experiencia distópica: dolorosa, fatigante y una "metáfora de imposición y vejación del cuerpo femenino" (55). Por lo tanto, estas obras contribuyen de gran manera a la formulación de un nuevo discurso femenino que "desafía el silencio y el tabú", que fractura las tradiciones sociales y opresivas despertando a la sociedad y llamándola a re-evaluar el pasado y la realidad del punto de vista femenino. La construcción del nuevo discurso femenino y la subversión de aquello patriarcal también constituye el enfoque del análisis por Erna Pfeiffer de la nueva novela histórica de autoras latinoamericanas: Carmen Boullosa (*Son vacas, somos puercos* ([1991]), Antonieta Madrid (*No es tiempo para rosas rojas* ([1975]) y Alicia Kozameh (*Pasos bajo el agua* ([1987]).

La primera obra es un intento de construir "una acérrima caricatura de la sociedad falogocéntrica occidental" en el ejemplo de una cofradía de filibusteros, una entidad homoerótica (el motivo que también surgió en el estudio de la *oeuvre* de Reinaldo Arenas). El narrador-protagonista Jean Smeeks rechaza a las mujeres y las borra de su vida hasta encontrarse con Ella, el símbolo de lo femenino que se disfraza del hombre para llegar a la isla prohibida. En esa acción de Ella la investigadora ve el intento de Boullosa de explicar por qué y cómo las mujeres siguen tratando de adaptarse a la sociedad opresiva patriarcal integrándose en aquella en vez de desafiarla completamente: es el "cálculo racional, de querer pertenecer al lado de los vencedores y no al de los perdedores tradicionales" (109). La investigadora ve en Jean Smeeks el alter ego de Boullosa y declara como esencial el papel del lector en descifrar las funciones del "vigor masculino" y "lo corporal femenino" en la obra.

En la segunda obra, la autora venezolana Antonieta Madrid desenmascara el encanto romántico de la guerrilla que resulta ser el mismo modelo neo-patriarcal en el cual los hombres dirigen y toman decisiones mientras las mujeres obedecen. El intento de suicidio por la protagonista en el final de la novela constituye la resolución diferente a la novela anterior ya que observamos aquí no-conformismo, el rechazo de las leyes establecidas y el "negarse a compartir un sistema basado en la destrucción que le causa una náusea transcendental" (116). La tercera novela trata de la opresión y humillación de mujeres en una prisión durante la dictadura militar en Argentina. La investigadora asigna el papel activo al lector de esta obra, igual que la novela anteriormente mencionada de Boullosa, para vivir junto con la autora la experiencia de una prisionera política. La construcción del discurso femenino aquí implica el silenciar por completo el discurso masculino opresor y dominante, haciéndolo de esta manera irrelevante. Así resume Pfeiffer los caminos diferentes de construcción de la voz literaria femenina y maneras de hacer escucharla sin "ser absorbidas por el discurso oficial o permanecer simplemente en una postura contestataria" (119).

La revisión de artículos que analizan las obras distópicas en la literatura latinoamericana permite observar que estas obras se dividen en cuatro categorías fundamentales según su orientación y temática: 1) obras distópicas del tipo socio-político o histórico. Es la categoría más abundante y la que abarca el período más extenso ya que la misma historia del continente ha sido tradicionalmente considerada como el sueño desengañado o el paraíso transformado en distopía. Algunas causas de esto son la violencia histórica, la eliminación de los indígenas, guerras civiles, dictaduras, censuras y torturas. 2) distopía de ciencia ficción, el género distópico más tradicional arraigado en excesos de industrialización y catástrofes ecológicas que adquiere un tono peculiar en la literatura latinoamericana, debido a problemas particulares relacionados con la economía del neoliberalismo. 3) distopía literaria, el género menos extenso que refleja la distopía en la estructura o particularidades lingüísticas, temáticas, análisis de las obras. Es más común la combinación de los rasgos formales distópicos con otras categorías ya que las transgresiones de la forma literaria tradicional pueden estar relacionadas naturalmente con la expresión de angustias y frustraciones causadas por la ruptura de sueños. 4) distopía del género y sexo que es el tipo más reciente nacido con el crecimiento del movimiento por los derechos de la mujer, legislación sobre matrimonio homosexual e inclusión de formas no ortodoxas de género. A pesar de su novedad y la relativa escasez de obras (o artículos que los analicen), esta categoría abarca una gran variedad de voces, maneras de expresión y riqueza analítica, que permite concluir que es la categoría más dinámica y que tiene grandes posibilidades de influir el nuevo discurso cultural posmoderno en América Latina.[2]

[2] La revisión de literatura de este capítulo fue hecha por mi asistente de investigación, colega y amiga Irina Rodríguez en el verano 2013.

Capítulo II:

Dos distopías "femeninas": Lenina Crowne en *Brave New World* y Macabéa en *A hora da estrela*[3]

El término "distopía" es frecuentemente relacionado con la descripción de un mundo futurístico oscuro y aterrador. Algunas de las obras canónicas de la literatura distópica mundial *1984* (1949), *Fahrenheit 451*(1951), *Brave New World* (1932), *We* (1921), entre otras, representan sociedades ficcionales en el futuro cuyas reglas gubernamentales imponen la desindividualización del sujeto y su circunscripción a la esfera de lo automático. Sin embargo, para estudiosos de discursos distópicos como William Golding la definición del término distopía no implica necesariamente una relación con el futuro. En *A Moving Target* (1982), Golding enfatiza que las distopías concretizan la visión de una realidad social que describe un lugar miserable, permeado de privaciones o el opuesto de la utopía.[4] Según Golding la distopía está fundamentada en un clima de "social darkness, of misery, deprivation at every level" (173). Por otro lado, Baudrillard afirma que la diferencia fundamental entre utopía y distopía radica en que esta última se construye en torno al concepto de alteridad sea o no en el futuro. La distopía, según él, se desarrolla a partir del esfuerzo por reducir al otro, el otro que es diferente a mí.

---

[3] Una versión de este artículo fue publicada en *Neophilologus* bajo María Fernández-Babineaux. "Un estudio comparado de la distopía femenina": A hora da estrela y Brave New World" *Neophilologus* 94.1 (2010): 81-92.

[4] La palabra utopía proviene de los vocablos de la lengua griega, eu-bueno que deriva en u-sin y topos- lugar, o el no lugar o espacio imaginario. Thomas More acuña el término en *Utopía.* La obra critica a la sociedad inglesa del siglo XVI y cuenta los viajes del protagonista Hythloday en la isla. Los valores en Utopía contradicen los de la Inglaterra de More, proponiendo un lugar paradisíaco donde los seres humanos viven en armonía y paz, sin grandes diferencias económicas y/o sociales.

Partiendo de estas articulaciones del término este trabajo analiza la distopía y cómo opera de manera similar en dos novelas contemporáneas: *Brave New World* del británico Aldous Huxley y *A hora da estrela* (1977) de la escritora brasileña Clarice Lispector en relación a los personajes protagónicos femeninos: Lenina Crowne y Macabéa. Este estudio examina la distopía desde dos ejes que se entrelazan: el social y el sexual, además de analizar cómo estos discursos se manejan similarmente en dos mundos distópicos igualmente opresores.

A hora da estrela ha sido estudiada profusamente desde variados ángulos. Muchos apuntan entre otros temas discutidos sobre la novela: el carácter existencialista, el elemento postmoderno, deconstruccionista y feminista, la alegoría de crítica social, el análisis del foco narrativo y la relación entre el autor y el narrador, además de la insanía de la escritura entre otros acercamientos críticos al texto. Sin embargo, los estudios comparativos de *A hora da estrela* en relación a otros textos no abundan. Dos de los estudios que resaltan en este aspecto son el de Williams y Medeiros. La estudiosa inglesa Claire Williams realiza un análisis comparativo entre *Alice in Wonderland* (1865), *Through the Looking Glass* (1872) y la obra póstuma de Lispector. Ella argumenta que estos textos tienen puntos en común en relación a la estructura y a la intención y estrategias de ambas protagonistas, para descifrar un mundo que les es desconocido e inadecuado. El lenguaje, el cuerpo, la identidad, entre otros ejes, son comparados por Williams en estas novelas contrastándolas en las figuras de sus protagonistas: Alice y Macabéa. Por otro lado, Paulo de Medeiros analiza la representación de la nación brasileña y su imaginario social en un estudio donde contrasta *Iracema* (1865) y *A hora da estrela.* Para Medeiros, *A hora da estrela* incorpora y subvierte la alegoría de la nación que se maneja en la obra de Jose Alencar. Esta dinámica se observa en las relaciones sentimentales entre Macabéa y Olimpico e Iracema y Martim. La primera ejemplifica alegóricamente los estereotipos nacionales fundando un nuevo mito de la nación, mientras que la segunda alegoriza el éxito de la nación subvertida en la representación de Macabéa y Olímpico.

En *A hora da estrela*, Macabéa, la protagonista, es una joven de 19 años quien llega del Nordeste brasileño a la gran ciudad de Río de Janeiro en busca de oportunidades laborales. Macabéa no tiene familia nuclear, su único lazo familiar es la tía quien la crió y al morir ésta, decide viajar a la gran ciudad. En Río comparte una habitación en una de las tantas zonas pauperizadas de esta enorme urbe con otras 4 mujeres, y se emplea como dactilógrafa. Muy poco cuidadosa en su apariencia e higiene personal, además de poseer un carácter extremadamente ingenuo, Macabéa se hace blanco de comentarios y burlas entre sus colegas de trabajo y compañeras de habitación. El narrador Rodrigo S.M.[5] nos recuerda constantemente su torpeza en varias esferas pero sobre todo su torpeza para existir: "Vou agora começar pelo meio dizendo que — ela era incompetente. Incompetente para a vida" (31). Para Deleuze y Guattari Macabéa sería un buen ejemplo del héroe/heroína del género distópico. Según ellos, este género como literatura menor[6] que es, funciona creando un sentido opuesto a un devenir menor en personajes anómalos e inadecuados.

En *Brave New World*, la protagonista femenina Lenina Crown es también una adolescente de 18 años. Ella vive en el mundo del año 632 después de Ford (Henry Ford, al que rinden culto). Lenina es considerada una chica "super pneumatic" (muy atractiva) quien forma parte del grupo más privilegiado en este mundo donde la humanidad es decantada o

creada en máquinas.

---

[5] En *A hora da estrela*, la posición del narrador en relación a la protagonista y al lector es conflictiva. Estudiosos como Moriconi afirman que el nombre del narrador, Rodrigo S.M representa la relación **S**ado**M**asoquista entre el narrador, Macabéa y el lector; Guerieri por su parte, enfatiza que es el causante de la "materialización reductiva" de Macabéa. Somerlate, Pontiero, Archer y Ferrari entre otros, anotan que hay una relación paralela entre el autor/narrador/ personaje. Sin embargo, Nunes dice que para el narrador, esta historia es su única *raison d'être*. Mientras que Arêas entre otros examina la posición elitista del narrador como el pívot de las diferencias sociales entre él y Macabéa.

[6] Según Deleuze y Guattari, la literatura menor es la que surge en los márgenes de la literatura mayoritaria y se desarrolla dando voz a una minoría territorializándola.

Los estudios de la canónica novela de Huxley son innumerables. Muchos han discutido los elementos satíricos en la distopía caracterizada en *Brave New World*, además de sus relaciones con *The Tempest*, obra de la cual Huxley extrae el nombre de su novela.[7] Sin embargo, las aproximaciones sobre el personaje femenino de Lenina Crowne son también muy escasas. Uno de los pocos estudios que analiza a Lenina es el de David Higdon.[8] En "The Provocations of Lenina in Huxley's Brave New World", Higdon afirma que el rasgo misógino intrínseco que permea toda la obra de Huxley se enfatiza en su obra cumbre *Brave New World* y en la figura de Lenina Crowne. Para Higdon, Lenina es descrita por Huxley como un ser inferior en relación a los varones de la obra; sin tomar en cuenta que es ella el personaje que más se rebela ante el sistema opresor del mundo de Ford.[9]

Lenina forma parte de una de las castas privilegiadas. En *Brave New World*, la sociedad está dividida en castas de acuerdo a su nivel de

---

[7] En la aclamada obra de Shakespeare, *The Tempest*, Miranda exclama "O Brave New World!" cuando ve por primera vez a los habitantes del viejo mundo. Huxley explota el tono irónico y se refiere a la imperfección del ser humano.

[8] Los estudios de Birnhaum y Madden analizan la posición subalterna y satelital de las mujeres en *Brave NewWorld*; Firchow, la complejidad del personaje de Lenina Crowne y afirma que es "a perverse Miranda" (Firchow 142)

[9] Uno de los argumentos de Higdon es que Lenina es "invisibilizada" en la novela de Huxley, a pesar de su papel transgresivo y de oposición al mandato social. No obstante, Higdon falla al declarar que Lenina amenaza al sistema y al texto de Huxley al oponerse al mandato de promiscuidad vigente en el mundo de Ford. Higdon afirma que Lenina supuestamente muere en la orgía con John "el salvaje": "John begins to whip her, and we are to assume, I believe, that in the ensuing frenzy of the orgy he either whips her to death or embraces her sexually and then kills her in disgust over his actions" (4). Higdon se confunde al afirmar esto. John repudia verbalmente a Lenina y la golpea en su desesperación, pero ella logra escapar: "Lenina heard the clic of the replaced receiver, then hurrying steps. Adoor slammed. There was a silence. Was he really gone? [...] It was not till she was in the lift and actually dropping down the well that she began to feel herself secure" (197).

capacidad intelectual: los alfas, deltas, gammas, epsylon, etc, cada grupo tiene una función específica en la sociedad. Macabéa, sin embargo, es integrante de la clase más baja de la sociedad brasileña; tuberculosa y desnutrida, la protagonista de *A hora da estrela* percibe un salario ínfimo el cual sólo le permite compartir una habitación y apenas alimentarse. "Las castas" a las cuales pertenecen ambas protagonistas son opuestas. Además de su disímil estatus económico, también en lo social, Lenina se encuentra en las antípodas de Macabéa. Dada su condición de "super pneumatic", es asediada por sus compañeros sexuales, además de inspirar el amor en John "el salvaje". Con Macabéa ocurre todo lo contrario: pasa casi desapercibida y es invisible ante el mundo, pero especialmente ante los ojos masculinos.

Hay una serie de usos y costumbres que enmarcan la sociedad de Brave New World. En el mundo de Ford muchos de los conceptos, usanzas y prácticas de la sociedad actual son consideradas "arcaicas" o en desuso. La familia, por ejemplo, como base de la sociedad se considera obsoleta y es repudiada en el mundo de Ford. En este sistema se considera a la convivencia un precepto anacrónico y se responsabiliza principalmente a la figura de la madre de la miseria humana: "Mother, monogamy, romance...no wonder these poor pre-moderns were mad and wicked and miserable" (44). El sólo vocablo "madre" o "padre" provoca incomodidad y rechazo; para los habitantes del Brave New World estos conceptos son "obscenos" "pornográficos" e "impropios"[10]. El Dios Ford o Freud, llamado así cuando habla de temas psicológicos, es el primero en plantear los "peligros" de la vida familiar: "The world was full of fathers –was therefore full of misery; full of mothers—therefore of every kind of perversión from sadism to chastity; full of brothers, sisters, uncles, aunts—full of madness and suicide" (39).

Macabéa tampoco posee lazos familiares de ninguna clase. Al morir sus padres siendo ella muy joven, es criada por la tía soltera quien se

[10] Las traducciones del texto original en la lengua inglesa son mías.

hace a cargo de ella. Sin embargo, la tía no constituye la madre substituta para Macabéa, su relación es fría y carente de afecto. Los pocos recuerdos que conserva Macabéa de la tía son los golpes que le propinaba en la cabeza: "Por ejemplo a tia lhe dando cascudos no alto da cabeça devia ser, imaginava a tia, un ponto vital." (34) Macabéa no conoce ningún concepto de familia, ni siquiera se acuerda de los nombres de sus padres, ni echa de menos a la tía, que es el único pariente que tiene. Carente de lazos familiares que la aten, Macabéa de alguna forma diferente a la de Lenina también ha sido "decantada" ya que no posee ningún vínculo afectivo familiar, tal y como es la norma en el mundo de Ford. Macabéa es una suerte de Gamma en la sociedad brasileña de los años 70, es decir, la casta más baja en Brave New World. En primer lugar, no se encuentra a la altura de los estándares de belleza del mandato social y es considerada insignificante y hasta repugnante por su extremada delgadez, desaseo y carencia del cuerpo curvilíneo y exuberante que rige los patrones de belleza femenina en el Brasil, especialmente en la ciudad carioca donde el culto al cuerpo y a la belleza física es tradicionalmente la norma. En una conversación con su efímero novio, Olímpico, quien luego la deja por la voluptuosa Glória, su compañera de trabajo, Macabéa expresa su deseo de ser una actriz de cine a lo Marilyn Monroe. El comentario de Olímpico la descalifica estéticamente: "Nem tem rosto nem corpo para ser artista de cinema" (65). Por otro lado, Lenina sí cumple con los modelos de belleza y capacidad intelectual de una mujer de la casta de los Deltas, por ello Lenina es extremadamente popular y deseada.

Tanto Lenina como Macabéa son felices pero no saben por qué. En el mundo de Ford las emociones de los individuos son controladas a través de la constante ingestión de *soma* (droga institucionalizada que causa euforia, pero impide sentir emociones reales). Los habitantes del Brave New World son tratados médicamente con múltiples métodos de control: Hipnopaedia (hipnosis), el proceso Bokanovsky y el "neo pavlovian conditioning." De acuerdo al sistema de condicionamiento, a los niños pequeños se les da mensajes repetitivos todos los días durante 12 años mientras duermen. Estos mensajes contienen las normas por las cuales éstos deben regirse: "community, identity, stability" (3) "everyone belongs to everybody else" (40) "Después de un exitoso condicionamiento, los niños internalizan, repiten y reproducen e incorporan en su vida cotidiana los mandatos a los que están expuestos diariamente: "Books and loud noises, flowers and electric shocks – already in the infant mind these couples were compromisinly linked; and after two hundred repetitions of the same of a similar lesson would be wedded indissolubly. What man has joined, nature is powerless to put asunder" (23). Parte de este entrenamiento consiste en sesiones desarrolladas específicamente para crear una estabilidad y felicidad permanente en los niños, que luego serán adultos: "All conditioning aims at that: making people like their unescapable social destiny and be happy with it" (17).

Lenina, en consecuencia, está constantemente sonriendo producto del entrenamiento y programación que le ha impartido el sistema. Ella sonríe aunque no sabe por qué: "Yes, everybody happy now echoed Lenina. They had heard the words repeated a hundred and fifty times every night for twelve years." (75) Lenina entra en conflicto cuando conoce a Bernard Marx, un excéntrico Alpha-Plus, quien resiste al sistema y lo cuestiona. Bernard atemoriza a Lenina con sus constantes exabruptos de individualidad y emotividad: "I want to look at the sea in peace...as though I were me, if you know what I mean. More on my own, not so completely a part of something else. Not just a cell in the social body." (90) "Don't you wish you were free, Lenina?" Estas ideas incomodan a Lenina: "why you don't take *soma* when you have these dreadful ideas of yours. You'd forget all about them. And instead of feeling miserable, you'd be so jolly. So jolly" (92).

Macabéa, al igual que su contraparte Lenina, también está condicionada a ser feliz aunque ella tampoco sabe bien por qué: "Essa moça não sabia que ela era o que era, assim como un cachorro não sabe que é cachorro. Daí não se sentir infeliz. [...] A única coisa que queria era viver...ela pensava que a pessoa é obrigada a ser feliz. Então era" (34-35) y el narrador cuenta: "Pensar era tão difícil, ela não sabia de que jeito se pensava" (65). Ninguna de las dos protagonistas piensa ni siente. Esto apoyaría parcialmente el argumento de Bowman, quien afirma que los discursos distópicos *escritos por mujeres* construyen y exponen diferencias culturales relacionadas con el *status quo* de éstas en lo social. Sin embargo, el personaje de Lenina en *Brave New World* y creado por Huxley, inglés en los años 30, no difieren del personaje de Clarice Lispector, Macabéa, producido en 1977. Ambas protagonistas están imbuídas en sistemas de control desde los cuales son producidas. Macabéa pertenece a una sociedad que es hostil y que la ha codificado como un Gamma del mundo de Ford. Su apariencia, capacidad y estatus social la convierte en un individuo sin ningún peso, ella lo sabe: "Não sei bem o que sou, me acho um puoco…de quê?...Quer dizer não sei bem quem eu sou […] mas não sei o que está dentro do meu nome. Só sei que eu nunca fui importante…" (68). Como en el mundo de Lenina, Macabéa es un ser subalterno. Ni siquiera goza del estatus de un Gamma porque su función no se reduce a los trabajos físicos de los Gammas. Su función es nula, ella existe como un ente que no posee ninguna visibilidad social. En cuanto a Lenina, ella también está sujeta a las demandas de su mundo, además de estar programada para cumplir con estos requerimientos de manera automatizada.

Malpais[11] es el territorio alejado de Brave New World, destinado para los llamados "salvajes". La población de Malpais ha retenido las costumbres consideradas "arcaicas" del matrimonio, la devoción a un Dios y la monogamia, entre otras. En este mundo de "salvajes" los individuos se enferman, envejecen, tienen emociones, sufren, desean, aman, además de vivir en un mundo aparte, aislados del Brave New World. Bernard Marx se interesa en conocer este lugar vetado para muchos y después de una breve visita acompañado por Lenina, consigue permiso para traer a dos "salvajes" de Malpais. Con el objetivo de conseguir renombre y evitar que lo envíen a Islandia por su constante cuestionamiento al sistema, Bernard intenta convencer a Mustapha Mund, el jefe supremo, de los beneficios de llevar al Brave New World a estos seres. Finalmente obtiene el permiso. Bernard lleva a Linda y a Jonh, madre e hijo al Brave New World. La visita de estos dos "salvajes" se torna problemática. A pesar de

[11] En su mayoría los nombres de los lugares paradigmáticos en las literaturas utópicas y distópicas provienen de la lengua española y possen la carga de ironía implícita en la crítica que generan: Laputa de Swift, Libertalia de Defoe, Eldorado de Voltaire y Malpais de Huxley.

ser habitante de Malpais, Linda nace y crece hasta su adolescencia en el Brave New World. Cuando joven visita esta tierra de salvajes con su pareja Tomakin y se pierde en este territorio que le es completamente extraño, viéndose obligada a pasar el resto de su vida allí. Ya en este lugar, Linda se da cuenta de su estado de gravidez –un impensable hecho en Brave New World—, y más tarde nace John producto de su reciente relación con Tomakin quien, irónicamente, es el actual "Director of Hatcheries and Conditioning".

Linda y John representan a la sociedad "arcaica", el lazo biológico entre madre e hijo, concepto que es repulsivo en el mundo de Ford. Es por ello que, al ser presentados Linda e hijo en esta sociedad, causan desconcierto y, en el caso de Linda, asco, por su desagradable apariencia: "Linda advanced into the room, coquettishly smiling her broken and discoloured smile, and rolling as she walked, with what was meant to be a voluptuous undulation, her enormous haunches." (150) John la acompaña y ve por primera vez a su padre biológico, Tomakin, y lo llama "padre":

> The word (for 'father' was not so much obscene as—with its connotation of something at one remove from the loathsomeness and moral obliquity of child-bearing— merely gross, a scatological rather than pornographic impropriety); the comically smutty word relieved what had become a quite intolerable tension. (151)

El encuentro se torna incómodo y humillante para John y Linda: "Laughter broke out, enourmous, almost hysterical, peal alter peal, as it would never stop" (151) Las altas expectativas de John en el Brave New World se deshacen al comprobar que el mundo descrito y representado por Shakespeare, cuya obra completa ha leído, no tienen ninguna similitud con lo que sus ojos presencian. Su decepción es enorme cuando se enfrenta al mundo automático y vacío del Brave New World; su situación empeora aún más cuando se enamora perdidamente de Lenina. John entra en crisis al observar que el amor shakesperiano no tiene ninguna relación con la concepción de romance y relación interpersonal dominante en este mundo distópico.

Otro de los mandatos sociales se refiere a la sexualidad en el mundo de Ford. Según David Higdon, Huxley representa a Lenina como un ser inferior sexualmente, un ser subalterno que se somete a los personajes principales masculinos de la novela, como Bernard y John, "el salvaje". Afirma Higdon que la misoginia de Huxley otorga la calidad de promiscuo al personaje de Lenina, a pesar de ser parte del grupo de los deltas. Es cierto que en Brave New World los individuos no son individuos sino partes de un sistema siendo su lema: "everybody belongs to everybody else" (40). Sin embargo, la promiscuidad de Lenina es parte del mandato social y de la formación del individuo en este mundo, además de parte de un rasgo típico de las distopías: la subyugación de la alteridad mediante el control sexual. Según Baudrillard, esta alteridad distópica consiste en "reducir al otro inasimilable, incomprensible e incluso impensable el cual esconde una alteridad ingobernable, amenazante, explosiva que está relacionada también con el ejercicio sexual" (16). El sexo en el mundo de Ford es automático y la consigna general es que todos deben tener relaciones sexuales con todos; no se trata exclusivamente de Lenina sino de los habitantes del mundo de Ford. En estas relaciones sexuales de los habitantes del Brave NewWorld hay sólo automatismo pero no placer, por mandato general. Bernard cuestiona esta práctica sexual automatizada: "I don't understand." Lenina's tone was firm I know you don't. And that's why we went to bed together yesterday –like infants- instead of being adults and waiting"(94) Fany, la amiga de Lenina la exhorta a que haga un esfuerzo para ser promiscua: "I hadn't been feeling very keen on promiscuity lately. There are times when one doesn't. Haven't you found that too, Fanny? ... "But one's got to make the effort"..."one's got to play the game"(43). Lenina también siente interés en John "el salvaje" y por primera vez experimenta un sentimiento auténtico hacia alguien. John, sin embargo, ama a Lenina y quiere "demostrarle" su amor casándose con ella. Al saber Lenina sus intenciones se confunde ya que, en su mundo, la idea del matrimonio es inadecuada. El sexo para Lenina es una actividad automática y ella experimenta el sexo con diversas e innumerables parejas por disposición de Brave New World. Sin embargo, ella quiere tener relaciones sexuales con John porque además de sentir atracción física hacia él, se enamora por primera vez. Hay algo más en la personalidad de John que atrae a Lenina, hasta el punto que lo relaciona con la sensación artificial de amor del soma o los llamados "feelies": "Liked him more and more. [...] Her high spirits overflowed in song. "Hug me till you drug me, money; Kiss me till I'm in a coma: Hug me, Money, snuggly bunny; Love's as good as soma" (166).

Macabéa en contraste, es virgen. Ella repite constantemente: "Sou datilógrafa e virgem, e gosto da coca-cola" (44). La tía que la crió la despreciaba porque, según ella, Macabéa era el producto de una relación sexual sucia. La tía era soltera porque para ella el acto sexual era asqueroso: "a tia não se casara por nojo" (35) Macabéa había sido enseñada que el acto sexual era repulsivo y que había que evitarlo. De este modo, la nordestina aprende que todo lo que se relaciona con su cuerpo y partes privadas debe de ser reprimido; a pesar de esto, Macabéa es sensual. En sus sueños constantemente se excita sexualmente y despierta con un gran sentimiento de culpa, aprendido por la crianza de la tía. Así lo cuenta el narrador:

> Como é que num corpo cariado como dela cabia tanta lascívia, sem que ela soubesse que tinha? Misterio. Havia, no começo do enamoro, pedido a Olímpico um retratinho tamanho 3x4 onde ele saiu rindo para mostrar o canino de ouro e ela ficava tão excitada que rezava três pai-nossos e duas avemarias para se acalmar. (73)

Estos momentos de excitación sexual son para Macabéa la única prueba de su vitalidad, lo dice el narrador: "a sua vagina era o unico signo da sua existencia" (1977: 70). En las distopías la sexualidad generalmente se convierte en un bastión de resistencia, como único lugar desde donde el individuo logra revelarse de la opresión. A pesar de la crianza prohibitiba en cuanto al sexo, Macabéa siente deseos sexuales que la hacen "ser" dentro un entorno que la desligitima como individuo. La única parte vital de Macabéa es su vagina, pero al no alcanzar los estándares de belleza pactados por la sociedad, Macabéa también es condenada al rechazo y repudio masculino. Olímpico pone en relieve este rechazo al terminar el corto noviazgo diciendo: "Você, Macabéa, voce é um cabelo na sopa. Não dá vontade de comer." (73) Comer en el habla coloquial del Brasil significa copular; con esta sentencia Olimpico sitúa a la sexualidad como un espacio al cual Macabéa no puede acceder. Lenina, sin embargo, tiene acceso a la sexualidad, está obligada a la promiscuidad en el mundo de Ford, pero no a "sentir" por medio de ella. Es un simple ejercicio sin mayor consciencia de disfrute, más un mandato que una práctica placentera. La convención social en el caso de Macabéa y de Lenina las obliga a tener una relación con su sexualidad sin goce; el ejercicio de la sexualidad en ambos casos está exento de *jouissance* y, por consiguiente, de placer, ambos impuestos por un sistema opresivo y manipulador.

El control e imposición en el Brave New World se da en todas las áreas, no sólo en la sexual. Los medios informativos también están conformados en forma jerárquica. Los Alfas tienen como medio informativo *The Hourly Radio*, y las castas menos privilegiadas *The Gamma Gazette* y *The DeltaMirror*. Helmholt Watson, un disidente del *establishment* al igual que Bernard Marx, el amigo de Lenina, escribe en el *Hourly Hour* frases y rimas para el condicionamiento de hipnadopedia. En este periódico se refuerza el esquema de evitar que el individuo sienta o piense libremente. La estación radial también contribuye a manipular a los individuos para adoctrinarlos a su inusual modo de vivir. En una ocasión Lenina y Bernard están sobrevolando el mar, Bernard le pide a Lenina apagar la radio: "I want to look at the sea in peace...one can't even look with that beastly sound going on" (90) Para Lenina la radio es un tipo de *soma* ya que le suplica a Bernard encender la radio: "Let's turn on the radio: Quick" (90). La radio sirve como neutralizante de la ansiedad que causa en Lenina la insistencia de Bernard a sentirse él.

En *Ahora da estrela*, por otro lado, la única fuente de información acerca del mundo para Macabéa es *Radio Relógio*, el cual comparte el nombre con el periódico de los Alfas, *TheHourly Radio*. Ella le cuenta a Olímpico: "A Rádio Relógio diz que dá a hora certa, cultura e anúncios. Que quer dizer cultura?" (61). En esta radio se da la hora constantemente, además de proveer información cultural a los oyentes. A diferencia de Lenina, quien busca encender la radio para huir de cualquier información que la exponga a pensar fuera del círculo de lo colectivo y robotizado de *Brave New World*, Macabéa está interesada por conocer el mundo que la rodea. La información que *Radio Relógio* proporciona cada mañana a Macabéa es una fuente de datos para cuestionar y hacerla pensar, exactamente el efecto opuesto que produce en Lenina la radio. Macabéa intenta compartir esta información con su fugaz novio Olímpico: "Você sabia que na Rádio Relógio disseram que um homem escreveu um livro chamado 'Alice no País das Maravilhas' e que era também um matemático? Falaram também em "élgebra". O que é que quer dizer "élgebra"? Olímpico se ofende por la información que tiene Macabéa y le dice: "Saber disso é coisa de fresco, de homem que vira mulher" (61). Por medio de la radio Macabéa intuye que existen tal vez otras maneras de vivir; por primera vez llora y canta al escuchar, interpretado por Carusso, "una furtiva lacrima: El narrador nos cuenta: "Quando ouvi começara a chorar. Era a primeira vez que chorava, não sabia que tinha tanta água nos olhos [...] não chorava por causa da vida que levava: porque, não tendo conhecido outros modos de viver, aceitara que com ela era 'assim'"(62). *Radio Relógio* extraía a Macabéa de su existencia habitual para hacerla "reflexionar" y "sentir" por primera vez, mientras que en Lenina se operaba el efecto contrario; ella encendía la radio para evitar"pensar" y "sentir".

El condicionamiento mental en *Brave New World* opera en contra de los fenómenos que causen emotividad o cuestionamiento. Es por ello que la aproximación hacia la muerte está también condicionada. Los niños son entrenados para estar en contacto con la muerte o con el concepto de ella diariamente. De este modo aprenden e interiorizan la muerte como el fin de un proceso: "Every tot spends two mornings a week in a Hospital for the Dying. All the best toys are kept there, and they get chocolate cream on death days. They learn to take dying as a matter of course" (195). Macabéa también ha aprendido que la muerte es un fenómeno sin mayor trascendencia. Sus padres murieron de tifoidea cuando ella tenía 2 años; como se sabe ella es criada por su tía. La muerte de ésta no causa ningún estrago en Macabéa, no la echa de menos y no siente tristeza por su ausencia, como si ya estuviera condicionada a ello. Las dos protagonistas están entrenadas a no expresar ningún sentimiento de dolor: "Assim como ninguém lhe ensinaria um dia a morrer: na certa morreria um dia como se antes tivesse estudado de cor a representação do papel" (36).

El mundo de Macabéa lo constituye Raimundo, su jefe, Glória, su compañera de trabajo y Olímpico. Al dejarla Olímpico por su compañera de trabajo, Glória, su mundo queda casi vacío. Gloria aconseja a Macabéa y le ofrece dinero para que consulte a una mujer adivina. Las buenas nuevas que le ofrece la "visionaria" son el encuentro de un hombre, rico, extranjero y guapo que se enamorará instantáneamente de ella. Macabéa sale de ver a esta mujer llamada Madame Carlota, se compra un vestido con el dinero que le sobra y sale corriendo a la calle a la espera del encuentro con este príncipe azul que la aguarda. Lo que encuentra es la muerte, al ser atropellada por un auto lujoso conducido por "el príncipe azu" descrito por Madame Carlota. Macabéa, sin embargo, se siente viva al encuentro con la muerte. Cae al pavimento sintiéndose viva por primera vez: "Hoje, pensou ela, hoje é o primeiro dia de minha vida: nasci" (96) según el narrador hubo sensualidad en su muerte, Macabéa por primera vez fue mujer: "Na morte passava de virgem a mulher" (101). Keith Booker afirma a este respecto que el sexo y/o amor juegan un papel transgresivo en la distopía: "Social disruption occurs not from sex per se but from love [...] from the person leaving figures of authority and clinging to his "help meet" (32). En *Brave New World*, Lenina encuentra la muerte simbólica cuando se enamora de "el salvaje". Este hecho la anula también ya que no podrá volver a sentir de este modo o amar.Sus sentimientos "extraños" causan una irrupción en lo social:

> Henry detected the weariness in those purple eyes, the pallor beneath that glaze of lupus, the sandez at the corners of the unsmiling crimson mouth. 'You are not feeling ill, are you? He asked, a trifle anxiously, afraid that she might be suffering from one of the few remaining infectious diseases. (186)

John, por su parte, es un ser altamente inadecuado en Brave New World, lee a Shakespeare y cree conocer el mundo a través de él. La visita al Brave New World lo desengaña al ver la realidad del mundo que él pensaba diferente y decide recluirse para siempre en un faro. Lenina sintiendo amor por primera vez va al encuentro con John. En su relación con "el salvaje" experimenta por vez primera sentimientos auténticos, no condicionados ni automáticos pero muere simbólicamente en su intento de "vivir" fuera del Brave New World. John le plantea demostrar su amor casándose con ella y esperar hasta ese momento para consumarlo. Lenina se aterroriza al escuchar a John, no entiende que algo tan abominable como el matrimonio y la monogamia sea planteado como una posibilidad: "Listen, Lenina; in Malpais people get married.' 'Get what?' 'The irritation had begun to creep back into her voice. What was he talking about now? 'For always. They make a promise to live together for always' 'What a horrible idea!' Lenina was genuinely shocked."(191) Lenina intenta persuadir a Jonh de estas ideas "malsanas" seduciéndolo, pero John reacciona violentamente luego de dejarse vencer por el deseo. John ataca verbal y físicamente a Lenina luego de haber consumado su amor: "Whore!' he shouted. 'Whore! Impudent strumpet!" (194) Lenina escapa fortuitamente de la muerte a manos del salvaje. Sin embargo John se llena de ira, espanto, tristeza al constatar que Lenina es incapaz de vivir fuera del entorno que la ha nutrido. John tampoco es capaz de salir de la percepción del sexo como algo sucio si es fuera del matrimonio. Finalmente, al encontrarse en un mundo autodestructivo, automático e infernal se suicida colgándose de una de las vigas del faro en donde se encierra para huir del Brave New World. Para Lenina, su final es aún más trágico que el de Macabéa, ya que estará condenada a vivir en el mundo de plástico del Brave New World, sin poder comunicar ni sentir emociones auténticas nunca más.

Ambas, Macabéa y Lenina son víctimas de un sistema opresivo del que no son capaces de escapar. Macabéa es una mueca de las expectativas "femeninas" de su sociedad y Lenina es una réplica de las expectativas "femeninas" de su mundo. Ambas se han convertido en metonimia de la organización y producto de la sociedad que las re-crea como sujetos. Las similitudes y contrastes entre ambas protagonistas se construyen en torno al concepto de alteridad y se desarrollan a partir del residuo que deja todo esfuerzo por reducir al otro en estos mundos atemorizantes, aterradores distópicos que amenazan su individualidad y desarrollo personal. Con una brecha de más de 30 años entre *Brave New World* y *A hora da estrela*, Macabéa y Lenina representan la distopía de una sociedad desequilibrada cuya felicidad radica en la reducción del otro a un objeto, un ente limitado a los mandatos sociales. *A hora da estrela* y *Brave New World* muestran la tendencia de volver al sujeto en una simple presencia con un molde en particular coaccionando su libertad y promoviendo la consiguiente destrucción de su individualidad.

Capítulo III

Una lectura deleuziana de lo andrógino como espacio en *Água viva*[12]

En este capítulo se analiza *Água viva* (1973), de Clarice Lispector, como ejemplo de una escritura andrógina que propone el cuerpo escritural como representación del "cuerpo sin órganos" teorizado por Deleuze. *Água viva* se desmonta de la llamada "escritura femenina" y lo que he denominado "escrotura", o escritura "masculina". Lispector instaura la búsqueda de un tercer espacio que ponga en evidencia las tensiones que enfrenta una nueva forma de escribir que alega, cuestiona, argumenta, y disiente de las posiciones tradicionales de la actividad escritural.

A partir de Platón, la cultura occidental entiende y sintetiza el significado de lo andrógino a la dualidad fundamentalmente sexual presente en un ser. La postura de lo andrógino que se discute en este capítulo se relaciona con la propuesta de estudiosas como Carolyn Heilbrun y June Singer, quienes examinan el concepto como una construcción de género alternativo, que libere al ser humano de las restricciones sociales impuestas a partir de la imposición arbitraria de género. En *Água viva*, Clarice Lispector construye un tratado a la conjunción de opuestos y a la ruptura de los límites genéricos, como representación discursiva escritural y como integración de los opuestos en esta esfera psicológica.

Esta representación genérica alterna en lo andrógino al tiempo que postula a este corpus escritural como un ejemplo del "cuerpo sin

---

12 Este artículo fue publicado como Fernández-Babineaux, María."Lo andrógino en *Água viva* de Clarice Lispector" La palabra según *Clarice Lispector:Aproximaciones críticas/ A palavra segundo Clarice Lispector: Aproximações críticas*, editado por César Ferreira y Luciana Namorato. Lima: Fondo Editorial de laUniversidad Mayor de San Marcos-Ediciones del Vicerrectorado Académico, 2011. 93-109.

órganos". Según Deleuze, el "cuerpo sin órganos" se produce sobre un plano de consistencia que se presenta opuesto al plano de organización y evolución.

Esta práctica se opone a la organización, al cuerpo y a la relación cultural que tenemos con él. Deleuze diferencia tres estratos o formas de organización: el primero es el cuerpo y la relación ya pactada con él en lo social; el segundo es la significación, vale decir, los valores y normas por medio de las cuales nos organizamos; y el tercero es la subjetividad, la consciencia psicológica del individuo.

En *Água viva* los preceptos deleuzianos sobre el "cuerpo sin órganos" se observan proyectados e interrelacionados en el texto a nivel estructural y temático. En cuanto a la estética de la obra, se encuentran las ideas de Deleuze oponiéndose al primer estrato de la organización: el cuerpo (de la escritura y el cuerpo humano) y la relación limitada y prescrita en lo social. En *Água viva* el/la protagonista entabla un monólogo epistolar con un destinatario denominado únicamente con el pronombre: "tú." No existe, aparentemente y según la crítica, tema principal en *Água viva*, sino que el texto se presenta como una serie de fragmentos desordenados producto de los procesos mentales del a veces narrador o narradora, que forman un paralelismo con el carácter escindido del lenguaje/género de éste: "E se eu digo 'eu' é porque não ouso dizer 'tu' ou 'nós' ou 'uma pessoa'. Sou obrigada à humildade de me personalizar me apequenando mas sou o és-tu" (Lispector 13). "Y si digo "yo" es porque no oso decir "tu" o "nosotros" o "una persona" (13). Para Ivo Lucchesi, el estilo de *Água viva* representa la "crisis" de la escritura. Sin duda, el texto ostenta un afán de disconformidad con su realidad, como explica Lucchesi, pero además de esto, nos presenta un personaje protagónico sin nombre propio que tiene algo que revelar, que posee una propuesta única – o por lo menos alternativa- para reconstituirse, y exhorta a otros para que se unan a su proyecto. Este sujeto narrativo reconoce que las restricciones sociales constituyen un impedimento: "Estou consciente de que tudo o que sei não posso dizer, só sei pintando ou pronunciando sílabas cegas de sentido" (Lispector 11).

Es evidente el tinte de denuncia que proyecta el texto. Según Deleuze, los seres humanos nos constituimos a partir de un plan de organización y desarrollo que nos obliga a ver/creer/saber de una manera particular. Este segundo estrato que se opone a la organización en *Água viva* es el lenguaje andrógino como "la escritura sin órganos". Se trata de un lenguaje sin aparente coherencia para el mundo real que enfrenta y denuncia el sistema social/escritural y transfiere su carencia de un lugar fijo y su deseo de territorializar esa falta. El sujeto se desenvuelve en un mundo distópico donde las simetrías del balance ánima-animus no establecen ninguna diferenciación textual percibible por el lector. El sujeto narrador se expresa pintando y a través de cartas que escribe a un destinatario sin nombre. Su posición no es fija, dado que existe un intercambio del *eu* al *tú*, mientras se permutan y entremezclan con lo que la narradora/or denomina "coisa". El lenguaje fragmentado y dislocado del relato sumerge al lector en la hondura de su símbología, donde se adquiere la impresión de oscilar de un polo a otro de un ser extremadamente marginal, rompiendo cualquier tipo de organización y valores preconcebidos:

> Não estou mais assustada. Deixa-me falar, está bem? Nasci assim: tirando do útero de minha mãe a vida que sempre foi eterna. Espera por mim – sim? Na hora de pintar ou escrever sou anônima. Meu profundo anonimato que nunca ninguém tocou. (Lispector 35)

> No estoy más asustada. Deja me decirte, está bien? Nací así: sacando del útero de mi madre la vida que siempre fue eterna. ¿Espérame, sí? A la hora de pintar o escribir soy anónima. Mi profundo anonimato que nunca nadie tocó. (35)

El "anonimato" de este ser propone su territorialización fuera de los conceptos preestablecidos (escriturales y genéricos), sugiriendo la creación de una nueva subjetividad, lo cual corresponde al segundo y tercer estrato de las premisas de Deleuze. Esto hace del ser que escribe, extranjero en dos niveles: primero, porque no pertenece a ningún campo de marca sexual, escritural que le acredite un nombre dentro de los géneros, incluidos los literarios; y segundo porque no permite que se le nombre desde el imaginario social, creando un ser a-cultural que prescinda de nomenclaturas que lo fijen dentro del mundo (real y literario), forjando así una nueva subjetividad.

Desde el título, el texto sugiere el tema de la vida y del anonimato. La frase "Água viva" significa malagua en español. La simbología del organismo acuático amorfo e invertebrado, que posee brazos que también le sirven para ingerir alimentos, paralelan al ser que utiliza las extremidades (los brazos con los que escribe) para alimentarse (sobrevivir, darse a conocer) sin una apariencia o máscara definida.

A un nivel metafórico, la escritura andrógina que engloba al texto sin una máscara/atuendo/hábito/marca genérica que la defina transita por los espacios restringidos de la sociedad, usando sus brazos/ manos/ extremidades para adquirir una voz y legitimidad, a pesar de una carencia de signo fijo. Esta "boca extrema" y cuerpo e insta a sus lectores a reconstituirse al borrar las convenciones creadas/criadas para el sujeto femenino desde un lugar historicista y biologicista. He ahí el recurso utilizado del ser marino amorfo, cuyo origen data de la prehistoria, haciendo además referencia a la naturaleza pre-histórica, como símbolos de un espacio desde donde la mujer y su escritura han sido situadas. La propuesta es de reevaluación de estos parámetros creando sitios de resistencia y reconstitución a través de la escritura:

> Meu corpo incógnito te diz: dinossauros, ictiossauros e plessiossauros, com sentido apenas auditivo, sem que por isso se tornem palha seca, e sim úmida [...] E antes de mais nada escrevo dura escritura. Quero como poder pegar com a mão a palabra. (Lispector 12)

Por medio de este intento de reinstalación en el imaginario social mediante la palabra escrita busca una libertad hasta ahora no encontrada en la escritura: "Vou te fazer uma confissão: estou um pouco assustada. É que não sei aonde me levará esta minha liberdade. Não é arbitrária nem libertina. Mas estou solta" (Lispector 33). El sujeto pide al lector que le acompañe a disfrutar de esta libertad en otro "mundo"[13]: "Preste atenção e é um favor: estou convidando você para mudar-se para reino novo" (Lispector 58).

Como segunda premisa, Deleuze postula que los sujetos nos hemos constituído a partir de experimentarnos como un organismo corporal. Este hecho implica un número de relaciones con nuestra propia corporeidad que crea un límite a nuestra facticidad como individuos. Estas barreras crean un doble imperativo: deberás tener una relación con tu cuerpo como si fuera un organismo y asumiendo un cúmulo de significados. Esto nos lleva a la lógica de un sentido y rechaza la multiplicidad como atributo del individuo. En *Água viva*, el texto como corpus (cuerpo) que se recrea "sin órganos" presenta frentes de combate ante la hegemonía inmovilizadora. *Água viva* rechaza el campo dividido para subyugar (escritura femenina) o para liderarlo (escrotura). La libertad adquirida en la escritura brinda una pauta de adherencia al mundo nuevo que crea a partir de su reconstitución, disintiendo con el mundo viejo de dualidades y binarismos arcaicos.[14] La revolución escritural de Lispector propone romper la perspectiva barthiana de escritura como un círculo en el que habitan

---

[13] Jauss considera la intervención del lector como parte crucial en la interpretación del texto. El acto de leer, según él, actualiza al texto y construye otro dependiendo del "horizonte de expectativa" de cada lector. Umberto Eco llama "lector modelo" a aquél que crea un nuevo texto a partir de su propia lectura, recreándolo desde su cosmovisión personal. Clarice Lispector convoca a estos lectores de "alma já formada," a desenlazar las distintas posibilidades de significación en *Agua viva*: "Preciso terrívelmente de você. Nós temos que ser dois. Para que o trigo fique alto" (Lispector 21).

[14] Por ejemplo, la escritura de la revolución descrita por Ileana Rodríguez define a la narrativa revolucionaria como una reproducción de lo ya existente, es decir, la escritura femenina o la escrotura como eje de la narrativa. En este sentido, Rodríguez dice sobre la escritura revolucionaria: "En conlusión, las narrativas revolucionarias no constituyen un 'nuevo' sujeto de género sexual, sino sólo reproducen el ya inventado por la sensibilidad romántica. La imagen cambia a nivel nominal: de 'ángel del hogar' a 'reposo del guerrero'" (157).

verdades que forman horizontes de la naturaleza humana.[15] Este "yo" narrativo sin ataduras estilísticas encuentra un punto de escape hacia la búsqueda de libertad en el cuerpo de la escritura.[16] Es decir, que la búsqueda de libertad y su hallazgo está relacionada con la forma en que el poder se maneje y la relación dialéctica entre el poder, sus límites y la opción de libertarse de cada ser. Este poder se crea en la metaficción de *Água viva* como una metáfora de la reconstrucción y búsqueda de una nueva subjetividad, lo cual se relaciona con la tercera etapa de la creación del "cuerpo sin órganos". La metaficción realza la construcción de un mundo ficcional nuevo, una construcción transferible al mundo real desde la que es posible interpretar al nuevo ser que no escribe desde lo femenino o lo masculino, sino desde lo andrógino o ente sin lugar fijo:

> Foi assim que vi o portal de igreja que pintei. Você discutiu o excesso de simetria. Deixa eu te explicar: a simetria foi a coisa mais conseguida que fiz.
>
> Perdi o medo da simetria, depois da desordem da inspiração. É preciso experiência ou coragem para revalorizar a simetria, quando facilmente se pode imitar o falso assimétrico, uma das originalidades mais comuns. Minha simetria nos portais da igreja é concentrada, conseguida, mas não dogmática. (Lispector 69)

[15] En Lispector se escuchan ecos de Rimbaud al ubicarse en un punto tangencial de identidad que está tratando de encontrar: "Quero captar o meu é" (Lispector 10); "Um eu que pulsa já se forma. Há girassóis. Há trigo alto. Eu é" (38).

[16] La libertad en el texto está imbricada en el poder como concebido por Michel Foucault en "Truth and Power" (1968), donde él señala que el poder pertenece al mundo y es el resultado de las pugnas de cada individuo en oposición a los límites dados.

El texto y su escritura se presenta como un flujo de intensidades y fuerzas internas a través del sujeto narrador,[17] quien, hallándose en el margen, experimenta y ejercita su deseo de alcanzar su legitimidad en un constante hacerse y deshacerse en la escritura:

> Eu, viva e tremeluzente como os instantes, acendo-me e me apago, acendo e apago, acendo y apago. Só que aquilo que capto em mim tem, quando está sendo agora trasposto em escrita, o desespero das palavras ocuparem mais instantes que um relance de olhar. Mais que um instante, quero seu fluxo. (Lispector 15)

Y luego añade:

> Liberdade? é o meu último refúgio, forcei-me à liberdade e agüento-a não como um dom mas com heroísmo: sou heroicamente livre. E quero o fluxo. (Lispector 16)

Esta tercera dimensión del "cuerpo sin órganos" y la ruptura con subjetividades tradicionales constituyen una experimentación biológica y política,[18] según Deleuze. La práctica y experimentación del "cuerpo sin órganos" implica dejar de ser un organismo, pervertir las significaciones y alejarse de la experiencia del yo. Es decir, individualizarse a partir de experimentarse como sujeto: "E há uma bem-aventurança física que a nada se compara. O corpo se transforma num dom. E se sente que é um dom porque se está experimentando, em fonte directa, a dávida de

[17] Elias Jose y Keith Brower analizan el narrador y narratario en *Água viva.* Jose afirma que la narradora y la autora son la misma entidad, mientras que Brower postula la idea de la existencia de un narratario a quien va dirigido el texto.

[18] Deleuze responsabiliza al sistema social como causante de esta catatonia "they will not let you experiment in peace" (150).

repente indubitável de existir milagrosamente e materialmente" (Lispector 80).

En busca de una nueva subjetividad propone, además, la procura y pugna por la desorganización (social/corporal/política) para así reconstituirse: "E quero a desarticulação, só assim sou eu no mundo. Só assim me sinto bem" (Lispector 75). Esta experiencia permite descolocarse y deshacerse de las subjetividades creadas por el imaginario social: "The BwO is what remains when you take everything away. What you take away is precisely the phantasy, and signifiances and subjectifications as a whole" (151). La esfera del poder, conocimiento y mismidad entran en juego para resolver la operatividad del individuo dentro de una colectividad y su capacidad para reformarse. El texto de *Água viva* plantea de este modo las tres interrogantes[8] de Deleuze y propone resolverlas mediante la construcción de un "cuerpo sin órganos" es decir, como escritura andrógina y lugar de resistencia al sistema.[9] Este nuevo orden convoca a una colectividad de sujetos a quitarse el signo negativo de la falta, para reconstruirse desde un espacio reconfigurado a partir de esta negación, que no sólo constituye la consciencia del otro-subalterno desde el no, sino como una metodología, que se repite y refuerza.

Otra "línea de vuelo" que Lispector utiliza para distanciarse de la *performance* de escritura femenina, es la metáfora del renacimiento. La resistencia al sistema se hace desde un yo que busca anular sus fantasías y subjetividades nacidas del campo simbólico: "Eu, que troto nervosa e só a realidade me delimita" (Lispector 18). Este límite dentro del campo social, según Deleuze, nace de las entidades edipizantes como el psicoanálisis: "Where Psychoanalysis says, "Stop, find your self (sic) again," we should say instead, "Let's go further still, we haven't found our BwO yet, we haven't sufficiently dismantled our self [...] Find your body without organs" (Thousand 151). La subjetividad de la consciencia del "eu" no está sujeta a la entrada en la esfera legal, y su resistencia a esta forma de validación existencial es lo que lo reforma como un ser sin fronteras. El espacio físico del "eu" se diluye como una realidad orgánica para recrear y admitir la posibilidad de otro ser (de otro texto/sexo/cuerpo):

> O que sou neste instante? Sou uma máquina de escrever fazendo ecoar as teclas secas na úmida e escura madrugada. Há muito já não sou gente. Quiseram que eu fosse um objeto. [...] Sou um objeto que cria outros objetos e a máquina cria a nós todos. Ela exige. O mecanicismo exige e exige a minha vida. (Lispector 79)

Este cuerpo andrógino forma parte de una línea de articulación de segmentos que se dividen en estratos y territorios para, dentro de esa desorganicidad, hacerse de un espacio donde ubicarse: "Eu quero a desarticulação, só assim sou eu no mundo. Só assim me sinto bem" (Lispector 75). La reforma de un cuerpo que se desarticula presupone una carga que circula en el cuerpo sin órganos, que transmite intensidades que se insertan y se metamorfosean con su afuera y desde afuera. En el texto esta carga se distribuye también de acuerdo a las diferentes instancias escriturales impuestas en el cuerpo textual. En el cuerpo social, las fronteras están delimitadas de acuerdo a las estructuras familiares y sociales, mientras que en el cuerpo textual los límites se expresan en el ámbito de los signos lingüísticos. El narrador "eu" se desliza entre las formas culturales convencionales, desestabilizándolas desde la inscripción de un sujeto pluralizado que clama su fluidez y creando una ruptura en los signos, decodificándolos.

Por ejemplo, el signo X es decodificado en *Água viva* reavivando la oposición del debate feminista entre lo esencial del ser femenino versus la construcción social del mismo.[19] Según la biología, cada ser humano posee alrededor de treinta mil genes, los mismos que determinan el desarrollo de los sistemas físicos y bioquímicos del organismo. Estos genes están distribuidos en 46 cromosomas con 23 pares dentro de las células. Los cromosomas se agrupan en pares y son iguales tanto en seres huma-

---

[19] Hélène Cixous encuentra en Clarice Lispector el epítome de su teoría feminista o *écriture feminine*. Disiento completamente con esta visión y argumento en este ensayo que Lispector rompe con esta división escritural proponiendo lo híbrido o andrógino.

nos de sexo femenino como masculino. Sin embargo, el cromosoma número 23 y su composición determina el sexo del nuevo ser. El sujeto de sexo masculino contendrá los dos tipos de cromosomas, es decir X e Y, mientras que el sujeto de sexo femenino poseerá sólo el tipo X, también en pares. En consecuencia, lo que determina en la concepción que un nuevo ser sea de sexo masculino es el cromosoma Y. Lispector analoga la carencia de Y en el ser femenino, en conjunción con un ser que posea solamente el cromosoma en común de ambos sexos, es decir, X. El simbolismo de Lispector compromete dos niveles de X ; primero, la existencia de "X" como único cromosoma de un ente que se encuentra fuera de las "restricciones" biológicas o naturales, y en segundo lugar, la "X' que tacha, anula e inmoviliza al sujeto femenino como producto de una lectura biologicista.

> Tenho que interrromper para dizer que "X" é o que existe dentro de mim. "X" ----- eu me banho nesse isto. É impronunciável. Tudo que não sei está em "X". A morte? A morte é "X". Mas muita vida também pois a vida é impronunciável. [...] O instante impronunciável. Uma sensibilidade outra é que se apercebe de "X". (Lispector 73)

Además, propone el nuevo ser "X" como un ser andrógino figurado: "Espero que você viva "X" para experimentar a espécie de sono criador que se espreguiça através das veias [...] Há objetos que são esse mistério total do "X" (Lispector 73).

El cuerpo es aquí el núcleo que denuncia el privilegio del *Logos* como significante trascendental. La posesión de un código sin organización – como el símbolo X- que no responda a un eje central hace que el texto que clame por la descentralización y proclame su desindividualización. Esta búsqueda, según Lucia Helena, hace de *Água viva* un "texto fugitivo" (24). La "fuga" en *Água viva* promueve una reinterpretación de la esfera individual y colectiva genérica estableciendo la desestabilización de los lugares fijos mediante una reflexión a partir de la desestructuración de las convenciones culturales creadoras de las categorías de género. Este enfrentamiento con el sistema produce la desintegración del sujeto para reactivarse, este hecho constituye una amenaza que enfrenta el narrador y a la cuál ésta se refiere como la muerte: "Eu é que estou escutando o assobio no escuro. Eu que sou doente da condição humana. Eu me revolto: não quero mais ser gente" (Lispector 84). La muerte aparece como un último bastión de resistencia y, al mismo tiempo, como una forma última y límite de experimentación para alcanzar el cuerpo sin órganos y desmantelar la "organización" de estratos sexuales y genéricos: "Mas eu denuncio. Denuncio nossa franqueza, denuncio o horror alucinante de morrer" (Lispector 85). De este modo, el texto convoca a la territorialización de seres que han sido desplazados e inventados culturalmente a través de la historia. Así lo entiende Telma María Vieira: "Este livro insere-se nessa signficativa corrente de interesse e pretende contribuir para que se multipliquen não, simplesmente, os leitores de Clarice, mas que os de "alma já formada" dela se aproximen" (34).

Asimismo, la mención del espejo que permea la obra define el juego textual de *Água viva* de manera estructural, temática y hermenéutica. El significado del espejo atraviesa el texto en una serie de repeticiones circulares que convocan a la indefinición y ambigüedad,[20] así como al planteamiento de una composición y descomposición del cuerpo textual (como en el espejo) para lograr su interpretación.

> O que é um espelho? É o único material inventado que é natural. Quem olha um espelho, quem consegue vê-lo vem
>
> se ver, quem entende que a sua profundidade consiste em ele ser vazio, quem caminha para dentro de seu espaço transparente sem deixar nele o vestígio da própria imagem. (Lispector 71)

---

[20] Haroldo Bruno estudia el hibridismo en *Água viva*. Según Bruno el texto de Lispector: "E um dos caminos de Clarice Lispector é subverter a estructura do conto, da narrative curta, até transformá-la em digressão filosófica, numa alegoria do espírito e numa magia do corpo, propondo uma inquietante fusão do místico e do sensorial" (3).

La mención especular de Lispector, coincide con el carácter subversivo del mito de los espejos borgianos[21] ya que éste determina una revolución corporal y genérica alegorizando el mito de los espejos, donde éstos toman el mundo de los seres humanos. El espacio de fuerza está enunciado en la invitación a caminar dentro de sus propias barreras (impuestas y especulares) metalinguísticas a través de la multidimensionalidad del discurso textual/sexual y la metaforización del lenguaje por sí mismo.

La irrupción del lenguaje y a través de él se busca en *Água viva*, la definición y disidencia de la prisión de género e insta a que, como en el mito, los seres del espejo tomen las "armas"(sexualidad, lenguaje) para crear un nuevo arquetipo que represente el sitio de la no-dominación; "Mas agora estou interessada pelo mistério do espelho. Procuro um meio de pintá-lo ou falar dele com a palabra" (Lispector 70)

Cristina Sáenz de Tejada establece la significación de la imagen del espejo como "el riesgo de captar la multiplicidad de significados en una sola palabra" (Espejo 680). La intención de evocar un nuevo lenguaje que represente a un significante no fijo es concreto en *Água viva*, se trata de un lenguaje que sustituya la realidad (especular y cultural) más allá de las diferencias creadas desde la sociedad falocéntrica: "Não, eu não descrevi o espelho- eu fui ele. E as palavras são elas mesmas, sem tom de discurso" (Lispector 72). El uso del tiempo pretérito denota la recreación del nuevo ser, es decir, el logro y triunfo de la salida del espejo rompiendo las brechas sociales, sexuales y lingüísticas.

Lispector denuncia la idea del logos absoluto, de Dios y el paralelismo del concepto de signo como la mínima unidad del lenguaje[22] como

---

[21] Ver Jorge Luis Borges, *Manual de zoología fantástica* (1957).

[22] Ana Araújo compara *Perto do coração selvagem* y *Água viva* y concluye que la palabra y la nueva experimentación de ésta en *Água viva* hace que estas se "escapen constantemente".

arbitrariedad de la que su escritura escapa: "E Deus é uma criação monstruosa. Eu tenho medo de Deus porque ele é total demais para o meu tamanho. E também tenho uma espécie de pudor em relação a Ele: há coisas minhas que nem Ele sabe" (Lispector 84). "Aliás não quero morrer. Recuso-me contra 'Deus', Vamos não morrer como desafio?", "Não vou morrer, ouviu, Deus? Não tenho coragem, ouviu? Não me mate, ouviu?" (Lispector 85).

La presencia eterna como significante trascendental que rige los parámetros históricos de género es anulada en el texto, que se inscribe en una múltiple matriz de significantes y denuncia la huida de los sitios de dominación social, en este caso de la Iglesia, para recrearse como un ente que repudia los poderes que operan desde una línea homogénea y unificada. La exposición de este lenguaje corporal en Lispector a una transformación, así como la intensidad y fuerza de lo andrógino, y la *différance*[23] del posicionamiento genérico textual, lo replantea como impermeable y desintegrador que denuncia a un ser en crisis, que busca su territorialización. Este ecoando plangentes: o mundo se fez sozinho? Mas se fez onde? Em que lugar? E se foi através da energia de Deus ---- como começou? será que é como agora quando estou sendo e ao mesmo tempo me fazendo? É por esta ausência de resposta que fico tão atrapalhada (Lispector 30).

Así, en *Água viva* el cuerpo sin órganos prolifera en sí mismo y se conecta en una búsqueda de vías alternativas de identificación que no se ciñan a la atribución de un significado a un significante. La alternativa que se da en *Água viva* es la representación de una escritura que no sea ni

[23] En su ensayo "Différance" Derrida indica que la *différance* implica un número heterogéneo de características que intervienen en la producción del significado textual. La primera (se refiere a diferir) es la noción que supone que las palabras y los signos no siempre ostentan los atributos de su significado, sino que solo pueden ser definidos a través de otros términos. De este modo, el significado es siempre "diferido" "deferred" o pospuesto mediante una interminable cadena de significados. La segunda (se refiere a "diferencia" a veces referida como *espacement* o "espaciamiento") es la fuerza que diferencia los elementos gestando oposiciones binarias y jerárquicas.

masculina ni femenina, y que se inscriba en el imaginario cultural como la NO-diferencia dentro de la literatura. El proyecto literario andrógino de Lispector se distancia del feminismo liberal y radical al articular la *différance* como una integración de los binarios y al proponer el cuerpo andrógino como un "cuerpo sin órganos". Pero, no como una feminización del lenguaje en la literatura o *écriture féminine,* porque ésta, al localizarse como un ente estable, nutriría al sistema falocéntrico, al cual se opone, sino como una mezcla de multiplicidades que no respondan a un núcleo central, sin definiciones que lo nominen. Este atributo de flexibilidad le otorga a *eu* de una falta de imagen que abraza una idea de código fragmentado en un discurso que privilegia la generación de un significante fluido. La tensión entre lo natural y lo cultural se traduce en un texto donde los elementos del lenguaje se contraponen, reactivándose y desactivándose a sí mismo. La escritura como un artefacto cultural definitorio y distanciador es deconstruida para transformarse en un lenguaje que se aleja del ejercicio escrotural. Este lugar rompe el lugar escrotural dueño de las jerarquías, determinante de los lugares genéricos, y del ejercicio "femenino" que mimetiza los patrones patriarcales, y los reconstruye. Este acto, que hace posible la representación del ser a través de la escritura andrógina y de un cuerpo sin órganos, se conecta con el modelo que propone Julia Kristeva[24], nacido a través de la violencia productiva; es decir un lenguaje y un cuerpo que produzcan una transformación que genere revolución y *jouissance.*

La escritura andrógina y la propuesta de búsqueda de un "cuerpo sin órganos" a través de ella, hace que Lispector encuentre la posibilidad de un nuevo lenguaje. *Água viva* es un texto posmoderno que busca

[24] If there exists a 'discourse" that is no a mere depository of thin linguistic layers, an archive of structures, or the testimony of a withdrawn body, and is, instead, the essential element of a practice involving the sum of unconscious, subjective, and social relations in gestures of confrontation and appropiation, destruction and construction –productive violence, in short- it is "literature", or, more specifically, the text. (Subject 30)

diferencias a partir de la anulación de otra voz que no se inscriba en el sistema jerarquizante binario. El texto busca en la escritura un diluyente de las paredes de la arbitrariedad diádica, creándose la diferencia

homogénea escritural que se inscribe en la representación de la androginia como proyecto evolutivo. La escritura andrógina como un "cuerpo sin órganos", marca un modelo de escritura que se desnormatiza y busca un lugar híbrido dentro de la hegemonía cultural.

Capítulo IV

"El Zahir" de Jorge Luis Borges, la mujer y el espacio dantesco[25]

Las mujeres en la ficción de Borges son mucho menos numerosas que los protagonistas y personajes masculinos. De hecho, las mujeres están presentes en tan solo trece cuentos de Borges, y aparecen como personajes de poca importancia o están completamente ausentes. Algunos personajes femeninos de Borges ni siquiera reciben un nombre propio y se les llama solamente por su apodo, como es el caso de la Lujanera en "El hombre de la esquina rosada" (1935), "la mujer de pelo colorado" en "El muerto," 1949, "la india inglesa" ("La historia del guerrero y de la cautiva, 1949), "la viuda" ("Juan Muraña," 1970) , "La señora mayor" (1970), o "La viuda Ching, pirata" (1935). Las mujeres en la ficción de Borges muchas veces carecen de nombre propio como en el caso de "El duelo" (1970) y de la mucama en "El Sur" (1944). Sin embargo, hay algunas excepciones. De hecho, hay algunos personajes femeninos que tienen una presencia, como en "Ulrica" (1975), "La intrusa" (1941), y Emma Zunz (1949). "Ulrica", por ejemplo, es una mujer que tiene un encuentro romántico con el narrador pero al final, se revela que era tan solo parte de la imagen de su sueño. El personaje de Juliana en "La intrusa" es una mujer que dos hermanos matan por el bien de su mutuo amor filial; y Emma Zunz (1949) es una mujer que toma venganza por el asesinato de su padre y sacrifica su honor para encarcelar a su asesino. Algunos críticos, como Ferrer y otros han argumentado que los personajes femeninos abusados, abandonados y despersonalizados en los cuentos representan la escasa y poco exitosa vida amorosa de Borges.

---

[25] La versión en inglés de este artículo fue publicada como "Women in Borges: Teodelina Villar in 'El Zahir'" *The Woman in Latin American and Spanish Literature* edited by Eva Bueno and María Claudia André. North Carolina: Mc Farland, 2012. 178-194.

De hecho, hay únicamente dos personajes femeninos en la ficción de Borges que no sólo son fundamentales para la historia, sino que sirven como condición de existencia de la historia en el nivel estructural, temático y físico: Beatriz Viterbo en "El Aleph" (1949) y Teodelina Villar en "El Zahir" (1949).

Alicia Jurado (409-10), Alejandro Vaccaro (127), Donna Fitzgerald (229), y muchos otros han examinado la vida de Borges, encontrando temas autobiográficos y paralelismos con su trabajo y la representación de las mujeres en su obra. Algunos críticos han afirmado que sus cuentos representan el complejo freudiano de Edipo explicado por su relación materna y paterna (Vásquez 254-5). Otros trabajos de investigación se basan en la larga relación de Borges con Estela Canto, amiga con la cual el autor argentino tuvo una relación amorosa, y/o en su relación truncada con Norah Lange. Sin embargo, el mismo ha afirmado que la ausencia de las mujeres en su trabajo refuerza su esencia. (Williamson 72). Todos estos estudios han sido basados en lo que Umberto Eco llama "autores empíricos" y "lectores empíricos". Estos analizan el trabajo de Borges no basándose en su propia voz textual y la lógica intrínseca de los signos, sino en las "expectativas propias del texto" que provienen del lector (Between 68). Este tipo de lectura, según indica Umberto Eco, es un intercambio complejo entre la competencia del lector (o su comprensión del mundo) y el tipo de competencia producida por cualquier texto leído de manera práctica. El presente estudio, por otro lado, examina el trabajo de Borges dentro del contexto de la teoría deconstructiva en el cual el lector juega un papel crucial en la descodificación del texto. Esta interpretación de "El Zahir" no se basa en la vida de Jorge Luis Borges, sino en el texto mismo y su coherencia interna.

"El Zahir" cuenta la historia de un hombre llamado Borges, que se presenta como el narrador. La obsesión de Borges con Teodelina Villar y su muerte se relacionan estrechamente con el encuentro casual del protagonista con una moneda llamada Zahir. Esta moneda tiene el poder de convertirse en la obsesión para cualquiera que tenga contacto con ésta. Las metáforas en "El Zahir" se conectan en una sucesión de signos significativos entre los dos protagonistas: Teodelina Villar y El Zahir. Temáticamente y estructuralmente, "El Zahir" el trabajo, El Zahir –la moneda–, Teodelina –la protagonista–, y Borges –el autor y el narrador– reflejan como espejo la naturaleza humana y recrean su dualidad interna: como creadora y destructora y como una fuente del bien y del mal.[26] Para mayor claridad, me refiero al trabajo de Borges como "El Zahir" y la moneda como El Zahir, sin comillas.

En *The Pharmakon*, Jacques Derrida explica cómo la escritura se repite a través de la historia y dentro de los ojos del lector; en otras palabras, según Derrida, cada lector recreará el texto, aportando su propio significado e interpretación. La escritura, en este sentido, adquiere una condición mítica de la existencia que se repite sin fin e imita la esencia de algunos temas ocultos y ambiguos (74). En "El Zahir", esta estética se percibe a través del cuento. El personaje principal, Teodelina Villar, es el eje de la historia narrada por la persona narradora Borges. Pronto, en el primer párrafo, se declara la naturaleza polisémica y la ambigüedad de "El Zahir". La explicación del narrador de la amplia cantidad de localidades, significados, nombres de El Zahir igual que su naturaleza ubicua, abren la pregunta de El Zahir el objeto y "El Zahir" la *obra,* y su inaccesibilidad textual y temática:

> En Guzerat, a fines del siglo XVIII, un tigre fue Zahir; en Java, un ciego de la mesquite de Surakata, a quien lapidaron los fieles; en Persia, un astrolabio que Nadir Shah hizo
>
> arrojar al fondo del mar [...] una veta en el mármol de uno de los mil doscientos pilares; en la judería de Tetuán, el fondo de un pozo. (105)

[26] Según representado en la última novela de José Saramago, *Caín* (1999), y analizado en mi reseña crítica de su obra en *Hispania*, en la narrativa de *Caín*, Dios y Satanás son los dos lados de la misma entidad. Dios en esta obra está retratado como una creación de los miedos y debilidades del hombre quien produce sus propios "dioses imperfectos" (Fernández-Babineaux 558)

El narrador informa al lector sobre El Zahir: "En Buenos Aires El Zahir es una moneda común de veinte centavos" (105) – lo que aclara uno de los múltiples Zahires que es el protagonista en este lugar específico en que se desarrolla la historia. El Zahir ha tenido múltiples formas a través de la historia junto con el poder de dirigir las vidas de quien lo encuentre. Las formas y las diferentes encarnaciones de El Zahir se relacionan a las culturas árabes, musulmanas y/o judías, que siguen en popularidad a las culturas cristianas, y que constituyen las cuatro religiones predominantes del mundo. El Zahir lleva diferentes nombres y se personifica en diferentes objetos y sujetos. Estos cambios de la denominación se parecen a cómo, históricamente, las deidades han llevado nombres diferentes. La identidad, por lo tanto, es uno de los temas de este cuento cuestionándolo en varios niveles. Matamoros comenta sobre los temas de la identidad en Borges': "…el múltiple Borges que se desdobla entre joven y ciego, entre público y secreto, entre vivo y muerto, entre olvidado y eterno. Y suma y sigue hasta componer una de las típicas enumeraciones caóticas del escritor..." (221).

Temáticamente, ambas la moneda y Teodelina como los dos personajes principales constituyen dos caras del mismo ser. El Zahir y Teodelina son vinculadas indisolublemente, en el nivel mimético y metafórico. El narrador empieza la historia el 13 de noviembre y obtiene El Zahir en la madrugada del 7 de junio, el día después de la muerte de Teodelina Villar. La relación directa entre El Zahir y Teodelina es obvia. Ambas la moneda y la mujer tienen grabadas las letras N y T; V de Villar como dos Vs invertidas y conectadas y N y T como la primera letra de su nombre, Teodelina. La moneda y la mujer coexisten como la condición textual de la sobrevivencia dentro del trabajo como el centro de este *histos* o del texto, y en otro nivel diferente, dentro de la misma historia del narrador. A la misma vez la cuestión de la identidad está inmersa en la idea de Teodelina y de El Zahir. Ambas la moneda y la mujer parecen ser dos caras de la misma condición: la vida y la muerte; el bien y el mal son también inculcados en ambos personajes. El Alfa y el Omega, el comienzo y el fin, se entrelazan en ambas El Zahir y Teodelina.

El nombre de Teodelina también es emblemático del creador, ya que conlleva el nombre del Dios como la idea del Ser Supremo, apareciendo en dos idiomas diferentes en el anagrama Teodelina. Por un lado, según ya ha observado Dove, Teo significa en griego Dios. Igualmente añade él que Delina [dēlō en griego] significa "hacer visible" (175). Por otro lado, hay otros dos rasgos relacionados con el nombre Teodelina: "dei" también es el significado de Dios en latín. En la jerga química el sufijo "ina" significa "sustancia relacionada con"; el sufijo "ina" también expresa "insistencia o intensidad". Por lo tanto, la idea del Dios/ Teodelina como creador, el comienzo del cuento/historia, el pretexto y su final, son vitales en "El Zahir". Hughes también ha notado esta característica en Borges. Según él, las mujeres de Borges, en general, encarnan la primera etapa hacia la revelación, un destino; más que un objeto del deseo, son un pretexto para la historia (35).

Estructuralmente y físicamente, el cuento también declara dos ejes/facetas y dos caras relacionadas Teodelina. El primer párrafo corresponde a la descripción de la moneda: "En Buenos Aires El Zahir es una moneda común de veinte centavos" (105) Inmediatamente, en el segundo párrafo, se declaran el nombre y la importancia de Teodelina: "El seis de junio murió Teodelina Villar" (105). Teodelina es el pretexto para la historia y la fundación de las acciones del protagonista. A la misma vez, el apellido de Teodelina está formado con las letras V-i-l-l-a-r, lo que también es un anagrama para la palabra rival. Rivalidad implica competencia contra otra persona o grupo o cosa; por ejemplo, el amigo y el enemigo, la medicina que cura y ayuda y también el veneno que destruye y mata. Teodelina Villar personaliza estas dos fuerzas opositoras representadas metafóricamente a través de numerosas señales y símbolos en la historia.

Otro nivel de la identidad dual y fuerzas opositoras está representado por el narrador/ autor. Ambos Borges el narrador y el autor son vinculados por un solo hilo en el texto, y ambos llevan el mismo nombre. Sin embargo, Borges y el autor no son la misma persona; si bien es cierto comparten el apellido, no tienen la misma identidad. En *The Pharmakon,* Derrida afirma que este tipo de recurso repercute en la relación textual entre el padre y el logos. Ambos el padre y el logos están unidos pero se oponen a la misma vez; de la misma manera que una/la moneda que tiene dos caras, el texto/la palabra/el logos también tiene dos caras. La idea de Dios/el creador y el demonio/el destructor son dos fuerzas que son separadas y unidas a la misma vez.[27]

El lugar del lector es el del descubridor del misterio. Silvia Kurlat también estudia "El Zahir" como un rompecabezas intrigante: "Justamente, el sentido literal del texto de "El Zahir" oculta múltiples niveles de lectura cuyas claves aparecen dispersas a lo largo del relato" (11).

La noción del oponente contra quien es necesario combatir y a quien derrotar es evidente en el cuento. Este velo se abre solamente cuando se desenreda la telaraña del texto, según lo declara Derrida. El oponente no es tan solo la idea de la moneda que Borges intenta dominar, sino, a otro nivel diferente, también es el texto como el oponente del lector que el mismo vence recreándolo, poseyéndolo y haciéndolo propio. Según implica Roland Barthes en "The Death of the Author" (1967)[28] este proceso opera cuando el texto adquiere su propia voz, la del lector.

El Zahir se relaciona cercanamente a las creencias religiosas.

De hecho, El Zahir es un nombre que pertenece a la religión islámica, que se usa para determinar el aparente significado de las cosas. En *The Puppet and the Dwarf* (2003), el teórico búlgaro Slavoj Žižek analiza la conceptuali-

---

[27] Nietzsche también recurre a la religión en su obra *The Genealogy of Morals* (1887), donde expone la idea de los valores cristianos y describe cómo, según la ideología cristiana, la fuerza y la sabiduría son valores y atributos negativos, mientras la sumisión y humildad son valores positivos. Esta moraleja, según el pensador alemán, interfiere con la capacidad humana de pensar libremente creando "esclavos".

[28] Barthes propone analizar la obra como una entidad neutral sin identidad, borrando de esta forma la identidad del autor. Según Barthes, el autor muere y pierde toda la autoridad cuando el lector recrea el texto.

zación y la influencia de la religión históricamente. Es un hecho que el cristianismo ha sido la religión universal y la más popular a través de la historia. Según Žižek, las premisas básicas del cristianismo y sus costumbres han sido la esfera de la "vida". El "Espíritu Santo", como uno de los aspectos metafísicos más intrigantes del cristianismo, ha permeado las acciones y los pensamientos de una gran población haciéndola la religión más grande del mundo. Según Lacan, sin embargo, el "Espíritu Santo" representa el orden simbólico, que suspende todo el flujo de las emociones, pensamientos libres y de la libertad individual. Para el pensador francés, la religión ha penetrado las mentes y las acciones del individuo restringiendo su voluntad, produciendo nada más que zombis vivientes. El Zahir también ejerce una influencia en quienquiera que lo encuentra, se apodera de sus acciones, voluntad y decisiones. El Zahir internaliza su poder en Borges, el protagonista, y también lo convierte en un títere viviente, efectivamente, de la misma manera que, según lo indica Žižek, lo hace la religión con los seres humanos. Además, la fuerza de El Zahir y su influencia marcan la vida y las acciones de Borges, el narrador, transformando su vida en un infierno. El final de la historia implica esta idea de la posesión y el Dios: "Quizá yo acabe por gastar El Zahir a fuerza de pensarlo y repensarlo, quizá detrás de la moneda esté Dios" (116). Alazraki describe el mundo creado por la ficción de Borges como una búsqueda metafísica en la cual "una identidad absorbe a la otra, la contiene y la representa" (296) En este sentido, El Zahir también ha cautivado la mente del narrador, controlándola y encarnándola.

El hombre se constituye por los sentimientos, lógica, ideas y experiencia. Estas características hacen posibles las acciones y los pensamientos humanos. Anulándolos, El Zahir prohíbe toda la posibilidad del conocimiento o voluntad libre. En este sentido, El Zahir/religión sería el despersonalizador y destructor de quien lo posea/adhiera. En una vista más integral, el hecho de tener un marco de referencia establecido y perenne hace imposible la creatividad y apertura a nuevas experiencias, ideas, rumbos.

En "El Zahir", Teo-del-lina es el centro de la creación del texto escrito. Es por eso que su muerte desencadena la historia y Borges el narrador inicia su viaje metafísico y místico. Teo-del-ina es el reverso de la moneda, El Zahir. Teodelina es su propia rival igual que Borges, (el escritor) está contra Borges el rival, (la voz del autor). El padre, el autor, se borra por el logos/hijo/narrador/texto de Borges. Él, como narrador, se adueña del texto, disolviéndose según desaparece el texto. Borges pierde control de sí mismo igual que Julia, la hermana de Teodelina, que sufre de los mismos síntomas obsesivos: "Antes de 1948, el destino de Julia me habrá alcanzado" (116) Mientras el autor pierde control de su trabajo – que se asume por el lector –, el "significado" del cuento corto se afloja; el hilo del *histos* (tela/tejido/texto) se dispersa igual que la mente de Borges.

Como se alude en El Zahir, la hermenéutica islámica interpreta el Corán. Esta interpretación está relacionada a lo que esconde el texto sagrado y debe ser descifrado. "El Zahir" también paralela esta necesidad de ser descifrado como un texto o un micro-cosmos que debe ser desenredado para ser comprendido. Esta idea ha sido notada por Shlomy Mualem: "...El Zahir es el único contenido del Zahir microcósmico...en el caso de El Zahir este microcosmos *se convierte en* el macrocosmos" (134).

En "La Farmacia de Platón", Derrida explica la idea de *Pharmakon* y el logos relacionado a la interpretación de un texto. Según Derrida, *Phaedrus* de Platón es un buen ejemplo de lo que es un texto: ""A text is not a text unless it hides from the first-comer, from the first glance, the law of its composition and the rules of its game" (63). Un texto solamente puede ser interpretado y descifrado dando una voz o múltiples voces al signo silencioso. El término *Pharmakon*, enfatiza Derrida, evoca la idea del significado etimológico de la palabra, el remedio, la medicina, y a la misma vez el veneno. Este *Pharmakon* aparece en el cuerpo del discurso en *Phaedrus* con sus múltiples significados. A la misma vez, El Zahir como objeto (la moneda) que recibe Borges el día después de la muerte de Teo-del-ina tiene la misma función dentro del texto simultáneamente como veneno y medicina. El narrador se encuentra ante la idea recurrente de la moneda que lo seduce. Trata de esconderla, enterrarla, perderla, destruirla, componer una fábula, pensar en otras monedas y visitar un analista pero ninguno de estos remedios ayuda. No es capaz de olvidar El Zahir. La moneda regresa eternamente a su memoria como una obsesión. En sus intentos de abandonar El Zahir y su fijación, él encuentra el estudio de Barlach sobre la superstición de El Zahir y finalmente entiende el origen de su enfermedad. El Zahir es ubicuo, poderoso, se entremete en las mentes, y también es uno de los 99 nombres del Dios (116).

Como en la primera página del cuento, el narrador repite una de las múltiples formas de El Zahir; "un tigre, un tigre mágico" (113). Quienquiera que vea al tigre nunca es capaz de olvidarlo. Además, el tigre misterioso está diseñado por un prisionero obsesionado con él dentro de su célula, como la representación horrífica de Dios: "Verdaderamente ha visto al tigre". (113). Igual que la divinidad tiene nombres y formas diferentes en diferentes culturas, del mismo modo El Zahir tiene caras diferentes y penetra la mente del individuo convirtiéndose en el eje de sus vidas. El ver y el poseer El Zahir es similar al ver al Dios. Forero establece una comparación entre la idea de Dios como una posesión y los cuento de Borges "El Zahir", "Deutsches Requiem" y "Tigres azules": "...Dios, la locura y la ceguera, que son –en sí mismos- tres efectos de ver o poseer El Zahir en cualquiera de sus manifestaciones." La idea de un poder supremo está entrelazada dentro del texto, de El Zahir, de Teodelina, y del narrador. El Zahir como *Pharmakon*, actúa como un veneno y medicina que se introduce en el cuerpo del discurso, el cuerpo del texto, el cuerpo del narrador y emblematiza a Teodelina como su alter-ego. Derrida afirma el *Pharmakon* como un texto: "Este encanto, esta virtud fascinante, este poder de fascinación, puede ser –alternativamente o simultáneamente– benéficos o maléficos" (70). En este sentido la historia, en diversos niveles, tiene virtudes escondidas escritas en profundidades crípticas que rechazan ser escudriñadas o analizadas, creando su propio sistema de referencias y representaciones.

El narrador recuerda la personalidad de Teo-del-ina Villar y su anhelo de la perfección y corrección. Teo-del-ina estaba en mutación y transformación constante personal, físicamente y emocionalmente: "Buscaba lo absoluto, como Flaubert, pero lo absoluto en lo momentáneo" (106). Como en el protagonista de Pío Baroja en *Camino a la perfección* (1911), la búsqueda de la perfección por Teodelina no es la máxima representación de esta característica como en la moralidad cristiana. Teodelina, como Felipe Ossorio en la novela de Baroja, busca la perfección en su deseo del auto-descubrimiento interior. Las metamorfosis y cambios constantes de Teodelina son nacidos de un anhelo interior: "Su vida era ejemplar y, sin embargo, la roía sin tregua una desesperación interior" (106). En "El Zahir", la identidad de Teodelina es la imagen especular del objeto misterioso que recibe Borges después de su muerte. Como una modelo profesional, Teodelina también representa diferentes versiones de sí misma. Los cambios constantes de fisionomía de Teodelina repercuten la obsesión que enfrenta Borges con la idea de la moneda. La forma circular de "El Zahir" también trae un camino eterno de recurrencia sin salida. El pensamiento persistente e ilimitado de Borges paralela también los pensamientos y actividades repetitivos que son determinados como castigos en *La Divina Comedia* (1308). Tras el velorio de Teodelina, Borges, el narrador, recibe la moneda. Camina sin propósito por las calles y los callejones solamente para regresar al mismo lugar del cual había salido: "Había errado en círculo: ahora estaba a una cuadra del almacén donde me dieron El Zahir" (108) El narrador camina en círculos por un callejón con un círculo en la mano. Esta acción alude a la moneda como una metáfora de la entrada al infierno, según descrito en *La Divina Comedia* de Dante. Según el escritor florentino, en la primera parte de su *opera prima*, Virgilio lo acompaña para visitar el infierno. El infierno tiene la entrada de un callejón con la forma de un cono invertido, y su base también tiene una forma circular sin ninguna salida. Borges/el narrador también entra en un callejón y camina en círculos por la misma vía paralelamente a la entrada al infierno de Dante. Sharon Magnarelli nota la relación de las mujeres de Borges y la muerte: "Instead, rather than a life-giving principle, women are depicted in Borges' work in relation to death, violence, and often sacrifice." (142). Con la muerte de Teodelina, el narrador también entra en su muerte en la vida infernal individual emblematizada por la moneda llamada El Zahir, que él nunca podrá olvidar.

Los números al inicio de la historia, 1, 2 y 9, también conllevan connotaciones Dantescas. El número 2 y la fecha 1929 están inscritos en la moneda. El número 2 indica los dos ejes: El Zahir y Teodelina Villar. El año 1929 inscrito demuestra dos veces el número nueve. Según Dante, hay nueve círculos en el infierno. Los números 1 y 2 sumados resultan en

3. La entrada al infierno se relata en el Canto III (3). La muerte de Teodelina es el 6 de junio (6/6), el narrador recibe El Zahir el 7 de junio (7/6). El tiempo trascurrido entre la muerte de Teodelina y el encuentro de El Zahir por Borges es 24 horas: "El día siete de junio, a la madrugada llegó a mis manos El Zahir [...] el seis de junio murió Teodelina Villar" (110). La estadía de Dante en el infierno es exactamente 24 horas. La conexión entre el tiempo trascurrido, la criptografía en la moneda, y la selección de números abre el ángulo de visión e interpretación a la idea del estado distópico infernal donde entra el narrador cuando encuentra la moneda.

El narrador expresa su estado presente en el primer párrafo: "No soy el que era entonces pero aún me es dado recordar; y acaso referir, lo ocurrido. Aún, siquiera parcialmente, soy Borges" (105) El narrador también ha cambiado y se ha convertido en otra persona después de su encuentro con El Zahir; sin embargo, aún es capaz de recordar. Tener recuerdos es parte del castigo en el infierno de Dante. Solamente los que son permitidos olvidar pueden obtener perdón y paz; Leteo, el río que tiene propiedades de hacer olvidar está ubicado en el Purgatorio (Alighieri 61). El agua de Leteo tiene una cualidad particular, quien bebe de sus aguas olvidará inevitablemente todo su pasado. Esta condición permite al sujeto tener la oportunidad de revivir por segunda vez en la vida después de la muerte, sin ninguna memoria del pasado; por lo tanto, el hecho de olvidar borrará todos sus sufrimientos. No obstante, el narrador de "El Zahir" es aún capaz de recordar. Esta condición únicamente lo ubica en la otra parte de la vida después de la muerte, lo peor de todo -- el infierno. La inscripción en la entrada declara: "Oh vosotros, los que entráis, abandonad toda esperanza"," (Alighieri 25).

Teodelina Villar y su muerte también conllevan un trasfondo Dantesco. Ella es la hija de un doctor, trabaja como modelo, y está descrita por el narrador como una mujer joven, superflua y banal cuyos placeres son aquellos de una mujer superficial de clase alta. Su anhelo por la corrección se debe a su sofisticado gusto y maneras. Las creencias de Teodelina no son metafísicas sino bastante prosaicas.[29] Durante la guerra, se preocupa por la moda: "La guerra le dio mucho que pensar. Ocupado París por los alemanes ¿cómo seguir la moda?" (107) Su búsqueda se basaba en los placeres inmediatos; ella mantenía la filosofía carpe-diem de la vida. La metamorfosis de Teodelina es física en su íntima búsqueda de máscaras sin fin, y también emocional como manera de escapar de su ser interior.

Los cambios de Teodelina se asemejan a la capacidad que la tradición cristiana atribuye a Dios y al diablo de transformarse físicamente. Hay dos episodios contundentes que preceden la muerte de Teodelina: la mención de un sombrero cilíndrico que ella compra de un extranjero, y la mudanza al apartamento "siniestro" en la calle Aráoz. Estos dos episodios son vinculados a la idea de la muerte y del mal. La forma del cilindro asemeja aquella de un prisma con las bases circulares congruentes paralelas, o sea sus bases son círculos. El sombrero, según se entera más tarde Teodelina, no es parte de la moda parisina: "…y por consiguiente no eran sombreros sino arbitrarios y desautorizados *caprichos*" (107) La palabra "capricho" etimológicamente viene de la palabra italiana *capriccio*. La investigación de Gérard Genétte encuentra esta palabra en el siglo XIII como "caporiccio" lo que significa "horripilación" y "escalofríos" formado por medio de la contracción de *capo* (cabeza) y *riccio* (rizado) (92). Según el narrador, el sombrero es un "capricho". El narrador lo cuenta como la primera desgracia de una secuencia, que termina con la muerte de Teodelina: "Las desgracias no vienen solas; el doctor Villar tuvo que mudarse a la calle Aráoz" (107). El nombre de la calle también contiene resonancias infernales. Aráoz es la forma adaptada al castellano de la palabra vasca *Araotz*, el nombre de una ciudad en el país vasco. También es el nombre topográfico que viene del vasco *ara(n)* que significa 'callejón' + un sufijo no identificado, o alternativamente una forma reducida de Aranotz, de

[29] Según René De Costa, la personalidad banal de Teodelina representa la mediocridad de la mujer argentina de la clase media. Holly Cadena, por otro lado, cree que la superficialidad de Teodelina es un buen ejemplo del componente irónico en este cuento corto.

aran 'valle' + *otz* 'frío'. Aráoz entonces es el Valle Frío. El primer círculo en el infierno está descrito por Dante de la siguiente manera: "Vero é che 'n su la proda mi trovai de la valle d'abisso dolorosa che 'ntrono accoglie d'infiniti guai" (26)–"Verdad es que al borde me encontré del valle, abismo doloroso, que acoge el tronar de llantos infinitos." (26). Por lo tanto, Teodelina y su muerte están estrechamente relacionadas a "El Zahir" y sus poderes infernales.

Dentro de la narración, ambos Teodelina y El Zahir están vinculados y, como es sugerido por el texto, son similares. Ambos la mujer y el objeto conllevan la estructura y el tema del cuento. El efecto de ambos, en la percepción del narrador, son cruciales y similares. La muerte de Teodelina precede la compra del sombrero cilíndrico y la mudanza al apartamento "siniestro" en la calle Aráoz. El narrador relata, "Teodelina Villar cometió el solecismo de morir en pleno Barrio Sur" (107) En la gramática prescriptiva, un solecismo significa un error gramatical, absurdo, o un uso poco común. Está percibido como un error. Su muerte era un "error de orden". Margarita Saona declara que la muerte de Teodelina resalta la pérdida del objeto de amor por el narrador, que se sustituye por El Zahir. De hecho, inmediatamente después de la muerte de Teodelina el narrador "erra" sin ningún propósito: "Había errado en círculo..." (108). El remplazo de Teodelina por el Zahir crea un error de un problema no resuelto como en matemáticas. El resolver ecuaciones por medio de sustitución requiere sustituir una variable conocida por la variable desconocida de la ecuación diferente. En este caso ambas variables son desconocidas, lo que resulta en un problema no resuelto, un error o "una ecuación imposible."

Durante el velorio de Teodelina el narrador nota que ella ha rejuvenecido veinte años. Sus caras o máscaras diferentes ocurren dentro de unas horas del velorio. Varias "versiones" de Teodelina aparecen una tras otra: "Mas o menos pensé: ninguna versión de esa cara que tanto me inquietó será la última, ya que pudo ser la primera" (108).[30]

El impacto de la moneda en diferentes momentos de la historia, según declara el narrador, también ha creado diferentes versiones de las vidas de la gente que ésta ha tocado. Una moneda físicamente tiene dos caras. Sin embargo, el impacto de esta moneda particular también resulta en la creación de diferentes versiones de la historia. No solamente Teodelina padece transformaciones, sino también el narrador de la historia. La moneda simboliza el futuro y no-futuro. La condena está representada por la forma circular de la historia, de la moneda, y hasta la materialización de la moneda en los sueños del narrador: "Dormí tras tenaces cavilaciones, pero soñé que yo era las monedas que custodiaba un grifo" (110) La misma historia, o el mito de El Zahir, existe dentro de varias narraciones mencionadas por el narrador: "Pensé que no hay moneda que no sea símbolo de las monedas que sin fin resplandecen en la historia y la fábula" (108) La mención de Caronte, Belisario, Judas, Laís, Isaac Laquedem, Firdusi, Ahab, Bloom, Louis XVI en relación a las monedas que fueron cruciales en sus vidas, tiene una conexión. Estos personajes históricos y ficticios tienen un vínculo común relacionado a la/una moneda. Estos personajes se mencionan frecuentemente en referencia a aquellos que son desagradecidos a sus benefactores. Casualmente, el noveno, último y más estrecho círculo en el infierno de Dante está destinado a aquellos que han sido desagradecidos y han pagado con mal por el bien recibido. De hecho, dos de estos nombres también están en la *opera prima* de Dante: Caronte y Judas.

El narrador sale del velorio de Teodelina a las 2:00 de la madrugada para errar por las calles y entra en un bar donde encuentra a dos hombres jugando "el truco" (110). El juego de barajas llamado "el truco"

---

[30] Hay varias obras que representan el mal con caras diferentes. Dos de las representaciones literarias más famosas son *Dorian Gray* y *Dr. Jekyll and Mr. Hyde*. En la tradición cristiana se cree que el diablo también aparece con varias máscaras y caras según declarado en el libro sagrado cristiano, la Biblia.

tiene como reglas timar o específicamente engañar el oponente usando varios gestos. El máximo número necesario para ganar este juego es 6 y 7, o 6 y 6. Aquellos dos juegos de números coinciden con los días de la muerte de Teodelina y adquisición de El Zahir. La muerte de Teodelina es el 6 de junio (6/6), el narrador recibe El Zahir el 7 de junio (7/6): "El día siete de junio, a la madrugada llegó a mis manos El Zahir [...] el seis de junio murió Teodelina Villar" (110) Timar en este juego, es la única manera de ganar. Los jugadores intentarán engañar a otros para ganar puntos. El significado elusivo de El Zahir tiene las mismas reglas de este juego. Andrés Forero ha encontrado varias metáforas y claves develadas, semejante a El Zahir en otros tres cuentos cortos por Borges: "Deutsches Requiem," "Tigres azules," y "El libro de arena." Según Forero, El Zahir rechaza ser descifrado para revelar su significado: "El misterio del Zahir en su forma de moneda y de libro de arena está fundado en que ninguno de los dos se deja descifrar" (162). No solamente nos escapa el significado de El Zahir, sino también se convierte en una obsesión para el narrador y el lector en la forma de una maldición inescapable. Una de las múltiples metáforas y claves de El Zahir también surge en el bar, donde el narrador recibe (es el recipiente de) la moneda que lo hechizará para el resto de su vida. En el bar, el narrador pide una "caña de naranja" (licor de naranja), y en el intercambio monetario recibe El Zahir.

El personaje de Teodelina encarna la repetición inefable e inexorable de la palabra y sus representaciones del bien y del mal, tales como El Zahir: "El Zahir es la sombra de la Rosa y la rasgadura del Velo" (115). Esta frase, mencionada cerca del final del cuento, conlleva a la decodificación del significado oculto de El Zahir. La mención de una Rosa –en letras mayúsculas– también es crucial. La palabra 'rosa' tiene múltiples sentidos y está llena de significaciones diferentes, como en la novela de Umberto Eco *The Name of the Rose* (1980). En la obra de ficción probablemente más conocida de Eco, se indica al inicio: "... "...and signs and the signs of the signs are used only when we are lacking things" (The Name 8). Esta falta de un signo único final que sea real, estable y singular– debido a sus múltiples significados–, lleva al lector a la intriga. En "El Zahir," esta misma característica revela también significados ocultos y múltiples de la moneda como la idea central de la historia. El Zahir no es solamente una de muchas representaciones del "universo" (116) según lo afirma el narrador, sino también de la eterna dualidad de la condición humana; las dos caras de la misma entidad, de la misma persona como la oposición entre la lectura y la conversación, Teodelina y Rival (Villar), las dos oponentes combatiendo en diferentes niveles y escenarios, textualmente (estructuralmente hay una oposición entre Borges el narrador y Borges el autor del cuento); inter-textualmente (el cuento es un diálogo con la idea de Derrida de *Pharmakon* y el debate entre la escritura y la comunicación oral); ontológicamente (entre la divinidad y su antítesis, el creador y el destructor); la vida y la muerte (entre el bien y el mal); y finalmente entre el lector y el creador y el destructor (creador de una nueva obra y el destructor de la lectura superficial—lectura empírica). Patrick Dove nota cómo El Zahir representa dos fuerzas: "On the other hand, with El Zahir, the absolute is the simultaneous presentation of what we ordinarily perceive as opposing sides or faces." (178). El final de la historia entrelaza todas estas ideas opuestas: "Para perderse en Dios, los sufíes repiten su propio nombre o los noventa y nueve nombres divinos hasta que éstos ya nada quieren decir. Yo anhelo recorrer esa senda" (116) La mención del Dios y sus 99 nombres sagrados son muchas formas del bien vinculado con el mal, repercutiendo los nueve círculos del infierno junto con el número nueve repetido dos veces. La conjunción de estas dos fuerzas se repetirá inevitablemente a través de la historia igual que El Zahir, sin fin ni esperanza de escapar de su humano destino. "El Zahir" como un texto y una reflexión, en ambos niveles físico y mental, es otra muestra de la condición humana frágil y vulnerable.

Capítulo V

Mujer y la sexualidad como espacio negado en *Elogio de la madrastra*[31]

Este capítulo analiza la imagen de la madre como paradigma de "santidad" en el imaginario cultural latinoamericano en contraste con su representación en la novela *Elogio de la madrastra* (Vargas Llosa 1988). En la novela de Mario Vargas Llosa la madre es representada como la contraparte tradicionalmente vedada: la madre que ejerce su sexualidad.[32] En su tesis doctoral, Pedro Koo afirma que por el contrario, en *Elogio*, el cuerpo del hombre y su sexualidad es "en lugar central" (Koo 96). En general, la crítica ha analizado *Elogio de la madrastra* tomando como punto de partida al autor (Ubilluz, Marting, Koo, Geisdorger Feal). Este análisis, en contraste, se aproxima a la obra desde una lectura deconstructiva que se nutre del pensamiento de Roland Barthes sobre la inclusión del lector como parte pivotal de la interpretación de una obra.

Elogio de la madrastra cuenta la historia de una familia limeña de clase alta conformada por el padre, Rigoberto, la madre, Lucrecia y el púber hijo de Rigoberto en un matrimonio anterior, Alfonsito. Lucrecia y Rigoberto viven la plenitud de su amor y se complementan emocional y sexualmente.

Todo es armonía en el hogar hasta que Lucrecia y su hijastro se

---

[31] Una versión de este capítulo fue publicado en *Espéculo* 45 (Jul-Oct) publicado online, octubre 2010 como "La Madre Santa y la madre sexual: Subversión cultural en *Elogio de la madrastra*".

[32] Lucrecia es la madrastra y no la madre de Alfonsito, he ahí la figura de imposibilidad de la madre sexual. Esta madre con sexualidad requiere de un matiz que la distancie de la madre biológica y es representada con más libertad como la madre postiza.

involucran sexualmente. Este hecho desencadena la separación de Lucrecia y su marido al éste enterarse por boca del niño sobre la incestuosa aventura erótica de su esposa.

Según Zaíra Ary, feminista brasileña, la Iglesia católica es un sistema de reproducción ideológica responsable "por la difusión de doctrinas, de concepciones, de representaciones colectivas, de valores y de normas contradictorias, pero fundamentalmente justificadoras de las desigualdades sociales, ahí comprendidas las desigualdades sexuales". (Ary 45) Los roles de lo masculino y femenino que representa este conjunto de dogmas son parte de este sistema discriminatorio sexual, que pretende el igualitarismo relativo a las mujeres. Por otra parte, la serie de representaciones y normativas sobre la sexualidad de la mujer convergen en expectativas conyugales y familiares que des-precian a las mujeres en la vida privada y en la vida pública. Uno de los mitos más enraizados con respecto a la representación de la mujer latinoamericana está relacionado con el llamado "marianismo". El "marianismo" en el sentido sociológico es comprendido como un estereotipo derivado del culto católico a la Vírgen María, y aparece en América Latina principalmente como según Evelyn Stevens lo afirma, como la "contraparte del machismo". No obstante el marianismo no exhorta la liberación de patrones y conductas tradicionalmente inscritas en el imaginario cultural sobre la mujer en este lado del mundo, sino por el contrario refuerza los cimientos de la cultura machista. Por un lado, se entiende el marianismo como el culto a la "superioridad espiritual femenina", que considera a las mujeres semi divinas, moralmente superiores y espiritualmente más fuertes que los hombres. Esta supuesta fuerza espiritual promueve la abnegación y la capacidad infinita de humildad y de sacrificio. El discurso que encierra esta "superioridad" es una posición pasiva en la sexualidad, como un simple objeto de deseo suplementario. El rótulo de la "superioridad espiritual" es el alejamiento a lo material, a la corporalidad; o dicho de otro modo, a la experiencia libre de la sexualidad y del goce sexual. Este discurso encubierto genera un alejamiento de la experiencia de comunión con el placer sexual por parte de la mujer, a quien se le otorga sublimadamente la elección entre María, la madre de Jesucristo quien según el mito cristiano concibe un hijo sin contacto carnal, y por otro lado, María Magdalena, tan injustamente vapuleada por la historia y eliminada de la retórica de santidad "femenina" de la que María, la llamada Virgen, forma parte. Según la sociología el marianismo es un "edificio secular de creencias y de prácticas relativas a la posición de las mujeres en la sociedad" (Vargas 124). La doble imagen contradictoria de María y de Eva/María Magdalena forja los fantasmas de generaciones de católicos que se nutren de la historia bíblica para glorificar a "María" y repudiar a "Eva" o "María Magdalena". El carácter irreconciliable de la maternidad y del sexo, es otro modelo del sometimiento de la mujer a constructos religiosos que ponen como paradigma de "madre" a la madre de Cristo o a la Santa Madre quien concibe sin intervención del hombre y, por consiguiente, sin placer. Esta imagen de la Virgen como arquetipo de sacrificio y de alejamiento de lo corporal teje la tela de fondo del inconsciente colectivo de las sociedades católicas y de las mujeres que son criadas y creadas bajo esta "moral". Por un lado, la percepción y conexión del sexo con lo sucio y decadente no como parte de lo humano se ha convertido en una carga social, y por otro, la desinformación y falta de cultura hacia una vida sexual sana ha solamente creado y potenciado lo que quiere evitar; embarazos no deseados, violencia hacia la mujer y miedo. La satanización de la actividad sexual mal entendida, el patriarcado inherente a las religiones, la sindicación de la mujer como la "culpable" de los males del mundo occidental ha filtrado las mentes y las conductas de generaciones y generaciones por venir. En consecuencia, elegir lo secular versus lo religioso sería lo más natural para una mujer. No obstante, ocurre lo inverso.

En *Elogio* estos conceptos de la madre y la maternidad se erosionan representando a una mujer que no se ajusta a este dictado social. En la novela existen obvias referencias a la religión católica que es la fuente de esta atávica concepción de la mujer, subvirtiendo en ella estas imágenes "sagradas". Por ejemplo, Lucrecia describe a Alfonsito de esta manera: "…detrás de un libro de Alejandro Dumas, asomó asustada una carita de Niño Jesús […] un ángel de nacimiento" (Vargas 16-7). Y además lo describen como "un pajarillo" haciendo reminiscencia al espíritu santo: "Doña Lucrecia sintió contra su cuerpo la espigada silueta de huesecillos frágiles y pensó en un pajarillo' (Vargas 17) y al ser besada por Fonchito, ella expresa: "Doña Lucrecia se sintió picoteada en la frente, en los ojos, en las cejas…" (Vargas 19). Hay además múltiples reseñas a la trinidad: Padre, hijo y espíritu santo. También a la trinidad como triángulo pero en lugar de tener los atributos de santidad inherentes a la idea de la trinidad cristiana, en la novela se representa una trinidad erótica y una apertura a la libertad sexual de la mujer.

Esta libertad representada en la figura de Lucrecia coincide con los cambios de rumbo del feminismo en el Perú en la época en que la obra fue escrita.[33] *Elogio* fue publicada en el año ochenta y ocho poniendo como marco geográfico la ciudad de Lima. Es en esta década cuando el feminismo en el Perú pasa de lo que llaman "de negación al reconocimiento" recuperando la urgencia de explicar el carácter político de la subordinación de las mujeres en el mundo privado. La figura de la mujer como madre exenta de sexualidad es uno de los paradigmas desde Al politizar lo privado, argumenta Virginia Vargas en su análisis sobre el feminismo en el Perú, se generan lo que ella llama "nuevas categorías de análisis, nuevas visibilidades para nombrar lo hasta entonces sin nombre"[34] como es el caso de la influencia de la retórica e ideología cristiana en la formación de subjetividades en esta parte del mundo eminentemente y tradicionalmente machista, donde se cimientan las ideas de desexualizar a la madre. Según Jessica Benjamin la sexualidad de la mujer es principalmente representada por su estatus de "objeto" y su habilidad de atraer. El concepto más cercano a la actividad de la mujer como objeto es la maternidad y la fertilidad. La agencia de la mujer se circunscribe a estas dos únicas actividades. La madre no es esquematizada culturalmente como un sujeto sexual, alguien que tiene deseo por sí misma. Una vez que la sexualidad se separa

[33] A pesar de los avances en las políticas sobre la mujer en el Perú, en la literatura no se observan mayores cambios en las representaciones de mujeres. La narrativa en el Perú de los ochentas (i.e. Ciro Alegría, Arguedas, Katia Saks, Diez Canseco, Antonio Cisneros, Bryce Echenique, Carmen Ollé entre otros) hay simplemente una ausencia de personajes femeninos o son representadas de manera arquetípica.

[34] Vargas se refiere a la falta de representación o a la representación negativa de la mujer en los medios culturales y sociales en el Perú.

de la reproducción, es decir de la maternidad, la mujer pierde su único poder o agencia sexual. La madre no puede ser objeto de deseo, un sujeto con agencia/poder sexual, la madre según la convención social es desexualizada,[35] y debe negarse su propio acceso a una sexualidad plena. No es por azar que la novela represente una sexualidad abrumadora tomando como prototipos a los dioses y personajes de la antigua Grecia. Los paralelismos de dioses o personajes mitológicos con los personajes de la obra son evidentes.

En el capítulo 2, se compara a Rigoberto con el Rey de Lidia Candaules a quien también se le llama Hermes,[36] a Lucrecia con las diosas Diana y Venus,[37] a Alfonsito con Eros. Estos dioses considerados paganos cobran vida como una suerte de *alter ego* de los personajes de *Elogio*. La característica más saltante es su sexualidad exuberante y su capacidad de placer, justamente lo que la cultura niega como constructor cultural de la mujer. Al mismo tiempo que en un nivel empírico se les compara con los dioses griegos, en un nivel hermeneútico subyace la comparación con las figura de la Sagrada familia de los cristianos compuesta por Rigoberto, Lucrecia y Alfonsito. En sus encuentros sexuales, Lucrecia y Rigoberto alcanzan la plenitud del placer y el disfrute sexual. Rigoberto lo describe de esta manera:

Ahora la estaba sintiendo a su alrededor como una aureola y dentro de unos minutos él sería ella, y la dicha sería también su mujer con él y con ella, unidos en esa *trinidad* profunda de los dos, que, gracias al placer,

---

[35] Uso este neologismo a falta del término en español que represente el quitar o minimizar el deseo sexual.

[36] Dios griego protector de los ladrones, comerciantes e inventores. Hermes es el mensajero de los dioses y además intérprete o *hermeneus*. La palabra "hermeneútica" o arte de interpretar proviene del nombre del dios.

[37] La coexistencia de dos arquetipos femeninos como representaciones "femeninas" de Venus y Diana reproducen la retórica de la virgen o puta que forma parte de las imágenes del inconsciente colectivo social.

eran uno o mejor dicho tres. ¿Había resuelto, tal vez, el misterio de la *Trinidad*? (Vargas 138). (el resaltado es mío)

La referencia a triángulos sexuales evocan además a la figura de la trinidad. Primero el triángulo del Rey Caudanles, su esposa y el esclavo Gigia a quien el rey conmina a mirar el acto sexual entre él y su mujer.

Segundo, el triángulo entre Diana, Justiniana y Foncín: "Con sus bucles rubios enredados en la enramada y su pequeño miembro de tez pálida enhiesto como un pendón, sorbiéndonos y devorándonos con su fantasía de infante puro, allí estará" (Vargas 170).

Tercero, el triángulo entre Venus, Rigoberto como un mercader del África, y Eros. Tres triángulos eróticos que subvierten la idea del número tres de la Santa Trinidad: padre, hijo y espíritu santo.

Y que aluden al placer y al goce del cuerpo, conceptos vedados por la moral cristiana donde el cuerpo corresponde a una fuente de "pecado" y todo contacto sexual debe de ser destinado con el fin exclusivo de la procreación. La cultura cristiana se ha nutrido de este modelo de rechazo al cuerpo y a la exaltación del alma metafísica. En el *Elogio*, estos preceptos sedimentados en la cultura latinoamericana, predominantemente cristiana, se ven contrapuestos mostrando a la familia de Rigoberto a la par de la Sagrada familia. No obstante, el placer sexual además de ser eje de las conexiones familiares, constituye un factor inclusivo para la figura de la madrastra/madre Lucrecia, revirtiendo el discurso cultural que excluye a la mujer/madre de la experimentación de la sexualidad.

El placer sexual se construye como eje temático en *Elogio* como vehículo de subversión cultural. El texto se encuentra permeado de alusiones al deseo y al placer. En el capítulo nueve, "Semblanza de humano" el goce sexual es corporeizado en un ser monstruoso. La deformidad contrasta su exuberante sensualidad. Aunque tiene una sola oreja, un solo ojo, sólo muñones por extremidades, una boca con unos pocos dientes y una nariz amorfa sus sentidos funcionan favorablemente y contribuyen al ejercicio pleno de su sexualidad. De hecho, la única parte de su cuerpo que está "intacta" es su sexo como eje de su existencia. Este ser ejemplifica la parte sensual del ser humano concentrada en un solo espécimen. Lo monstruoso de su cuerpo constituye la satanización del cuerpo como la parte "sucia" del ser humano según los preceptos cristianos enraizados culturalmente. Este ser exalta al placer sexual como parte primordial de su existencia. Al decir "me gusta fornicar" hace referencia al verbo usado en la tradición religiosa cristiana para describir al trato corporal entre individuos fuera del matrimonio, como contrato que legitima el uso de la sexualidad para fines exclusivamente procreadores. Este ser describe un goce sin reservas culturales: "...tengo orgasmos prolongados y repetidos que me dan la sensación de ser aéreo y radiante como el arcángel Gabriel" (Vargas 123) Aquí el ser se vincula con el arcángel que según el mito cristiano, Dios manda como intérprete en varias ocasiones. Lo cual además también representa la capacidad de interpretar del lector de la obra. Por otro lado, el arcángel Gabriel es el que anuncia a la Virgen María su "inmaculada" maternidad. Nuevamente la idea de la Santa Madre, el ejercicio de la sexualidad y la representación del placer en este ser que es el paradigma de la sensualidad.

El ser también hace notar su predilección por la carne en dos sentidos. La carne de ternera y de varios tipos de ave que el ingiere como alimento; y la carne como denominación cristiana a la sexualidad.[38] Y además afirma: "comer carne es una prerrogativa de los dioses" haciendo alusión a la capacidad humana de gozar y experimentar la sexualidad sin diques sociales ni culturales que lo repriman.

El ser cuestiona también la existencia de Dios y dice: "Es posible que Dios exista, pero eso, a estas alturas de la historia, con todo lo que nos ha pasado ¿tiene alguna importancia? ¿Que el mundo acaso pudo ser mejor de lo que es? (Vargas 125). Y reitera su condición humana: "He sobrevivido y, a pesar de las apariencias, formo parte de la raza humana"

[38] En la tradición cristiana se usa el eufemismo "pecado de la carne" para referirse al ejercicio del placer sexual.

(Vargas 125). Es decir, afirma su característica humana y divina. Este ser es la quintaesencia de la parte corporal del humano que la cultura y la religión cristiana específicamente pretende eliminar. Por ello, su representación monstruosa dada su proclividad a los placeres sensuales. Este ser es la parte humana del deseo y ejercicio sexual concentrada en uno, pero que todo humano posee pero que asfixia/mal usa/reprime convirtiéndola en una monstruosidad en lugar de experimentarla como componente de su propia humanidad.

Las palabras finales del ser exhortan al lector a despertar de este letargo: "Mírame bien, amor mío. Reconóceme, reconócete" (Vargas 125).

Según Bonnie Shepard en la actualidad el ámbito político internacional se caracteriza por marcadas contradicciones de valores con respecto a la sexualidad y a la reproducción. Este hecho afecta la capacidad del individuo de ejercer sus derechos sexuales y reproductivos. Las dinámicas sociales y políticas influyen diseminando un doble discurso que fomenta el *status quo* de las políticas públicas represivas y/o negligentes. En todo el mundo, el clima político que rodea a los derechos sexuales y reproductivos se caracteriza por un marcado aumento del fundamentalismo religioso, por un lado, y una globalización cultural por el otro. Este asunto sirve de acicate para exacerbar las divisiones políticas y culturales ya existentes. En *Elogio,* los valores cristianos son cuestionados metafóricamente. Se mencionan dos sacramentos de la religión católica en relación a actividades poco "sagradas". Cuando Alfonsito espía a su madrastra mientras se baña. Al verla desnuda él cuenta a Justina: "cuando se quita la bata y se mete en la tina llena de espuma, no te puedo decir lo que siento. Es tan, tan linda...Se me salen las lágrimas, igualito que cuando comulgo" (Vargas 59) La comparación de Alfonsito de las "lágrimas" que emana cuando ve a la madrastra desnuda, parece hacer referencia a una posible eyaculación. El paralelo entre el momento de observar el cuerpo de la madrastra desnudo y el recibir simbólicamente el cuerpo de Cristo y su consecuencia idéntica pone en el mismo relieve al éxtasis sexual y al místico.

Ubilluz, Koo, y otros han notado la contextualización batalliana de la obra sobre lo sagrado y lo profano.[39] Es esta dialéctica entre estos dos centros la que permea la obra, como eje constructivo contestatario ante la concepción cultural.[40]

Igualmente otro de los sacramentos de la fe cristiana es comparado con uno de los ritos de Rigoberto. En el capítulo tres, Rigoberto relata con minuciosidad su evacuación intestinal y describe a su producto al detalle y con humor: "Te fuiste, cachafaz, y nunca más volverás" (Vargas 81) Para Rigoberto una expulsión exitosa, lenta y suave de las excretas es una experiencia de placer y la compara con la sensación que sentía, cuando niño después de cumplir con el sacramento de la confesión: "lo invadía ese íntimo regocijo del deber cumplido y la meta alcanzada, la misma sensación de limpieza espiritual que lo poseía de niño, en el colegio de La Recoleta, después de confesar sus pecados y cumplir con la penitencia que le imponía el padre confesor" (Vargas 82).

Tal como la actividad de expulsar los residuos orgánicos del cuerpo es obligatoria, la actividad de confesar los pecados, según lo manda el Catecismo de la ley católica, es también obligatoria. El fin de limpiar se ejecuta mediante ambas actividades, aunque los lugares de limpieza sean, en un caso, el alma, y en el otro, el intestino. Un sitio corporal y el otro metafísico. Para Rigoberto, sin embargo, la primera actividad es mucho más precisa que la segunda: "¿Qué confesado podía,

---

[39] Para Bataille el ámbito profano lo constituye el mundo del trabajo, de la discontinuidad instrumental, del consumo mínimo y de la conservación del sujeto. En oposición, el espacio sagrado lo comprende el mundo vital, de la totalidad contínua de sentido, del gasto máximo (*expenditure*) también reconocido por el orgasmo, como destructor de la totalidad. Esta relación entre muerte/ placer/destrucción se observa en el film *Matador* (Almodóvar 1986).

[40] Discrepo con la tesis de Diane E. Marting, quien afirma que el autor peruano "esconde al Perú" en *Elogio*. Los signos en la obra que se encuentran codificados o "escondidos", creo que se refieren a la naturaleza altamente contestataria y contracultural de la obra.

como él ahora, ver y (si lo deseaba) palpar las inmundicias pestilentes que el arrepentimiento, la confesión, la penitencia y la misericordia de Dios retiraban del alma? [...]" (Vargas 83).

El símbolo del espejo también constituye una de las figuras que se disemina en el texto. El espejo caracteriza la falta de lugar, el no lugar físico. Este territorio intangible, utópico (sin lugar) ejemplifica la dimensión en la cual el individuo se ve en un lugar que no existe, en un sitio irreal y virtual. El espejo es usualmente un concepto que define alegóricamente la búsqueda de la fuerza vital, en este caso el ejercicio sexual para el sujeto mujer, es un lugar fuera de lugar, culturalmente. El espejo precisa una imagen que tiene que ser reproducida por el individuo que se mira en ella, pero que no está ahí. Es lo ambiguo.[41] Cuando Rigoberto describe la felicidad con su mujer, Lucrecia menciona el carácter efímero de sentirse plena y lo llama "espejismos de perfección". El rito de la limpieza de orejas es otra imagen laberíntica y ambigua. Rigoberto sólo consigue asear sus orejas con espejos para poder ingresar en esa cavidad intricada y plena de minúsculos caminos.

Su afán de limpiarlos en un nivel simbólico implica un constante escrutinio de lo enraizado en nosotros mismos. El hecho de usar el espejo para reproducir la imagen de este laberinto es emblemático porque implica la necesidad de un objeto que conduce a la ambigüedad de la imagen que está pero que no está a la vez. Es decir, la imagen social que permea la cultura y la reproduce infinitamente en forma laberíntica, como las orejas

[41] Una de las obras más populares de Diego de Velásquez, *La Venus del espejo* representa a la diosa romana del amor, la belleza, y la fertilidad reclinada en su cama, con la espalda hacia el espectador mirándose en un espejo que sostiene Cupido, su hijo. La diosa mira hacia afuera, al espectador de la pintura a través de su imagen reflejada en el espejo. El hecho que Venus esté viendo al espectador a través del espejo en una imagen borrosa, es la paradigmática imagen de una contradicción barroca, ya que Venus es la diosa de la belleza pero ésta no se distingue bien. El espectador, a su vez, puede ver en el espejo el rostro de la diosa, difuminado por el efecto de la distancia, y sólo revela un vago reflejo de sus características faciales. La ambigüedad de la imagen tiene resonancias de la época barroca también conocida por la pugna religiosa entre católicos y protestantes.

de Rigoberto, inscribiendo patrones y morales fundadas en mitos.

De la misma manera, en el capítulo 12 "Laberinto de amor" se describe el deseo y placer sexual y su realización en el cuadro de Szyzslo, "Camino a Mendieta 10".

En él la obra de arte, en este caso la pintura abstracta del afamado pintor peruano, se dirige al lector u observador y le habla instándolo a entender el contenido de la obra/s; es decir, la pintura y la novela en sí, interpretándola. Desde el inicio le dice: "Al principio, no me verás ni entenderás pero tienes que tener paciencia y mirar. Con perseverancia y sin prejuicios, con libertad, y con deseo, mirar" (Vargas 157). Luego detalla y analiza el cuadro relatando el placer de un encuentro sexual. El narrador en segunda persona exhorta a la interpretación del arte a nivel del cuadro y de la obra misma el *Elogio*, pidiendo que la única manera de "mirar" sea despojarse de los prejuicios. El narrador lo señala describiendo la parte central del cuadro que a la vez es la parte temática central de la obra; contestar a la convención y a sus dinosaúricos conceptos sobre el cuerpo como fuente de "pecado". En Romanos 6:6 se lee: "sabiendo esto, que nuestro viejo hombre fue crucificado juntamente con él, para que el cuerpo del pecado sea destruido, a fin de que no sirvamos más al pecado." El cuerpo se describe como fuente fundamental del "pecado". En el versículo siete del capítulo seis de Romanos se lee: Romanos 6:12, "No reine, pues, el pecado en vuestro cuerpo mortal, de modo que lo obedezcáis en sus concupiscencias;"Cual instrumento vas a ser usado? Vas a ser usado por la carne o por el Espíritu. Romanos 8:23, "y no sólo ella, sino que también nosotros mismos, que tenemos las primicias del Espíritu, nosotros también gemimos dentro de nosotros mismos, esperando la adopción, la redención de nuestro cuerpo."

La figura geométrica de la franja central, en la mitad misma del cuadro, esa silueta plana de paquidermo de tres patas es un altar, un ara, o, si tienes el espíritu alérgico al simbolismo religioso, un decorado teatral" (Vargas 157). Al mismo tiempo que da varios caminos interpretativos insta al lector a "mirar" con deseo para poder disfrutar el cuadro y quitarse la primera piel fundamentada por el ámbito social: "Nos han quitado la epidermis y ablandado los huesos, descubierto nuestras vísceras y cartílagos [...] esa soy yo cuando, por ti, me saco la piel de diario y de días feriados" (Vargas 1988:159). La posibilidad de experimentar el deseo sin reservas se encuentra inmersa en la descripción del cuadro el cual es un paralelo de la capacidad de deleite y placer sexual de Lucrecia. Ya en el capítulo anterior, Alfonsito asegura a su madrastra que ella está retratada en el cuadro y que es su retrato "secreto" ya que nadie conoce esa parte de ella excepto él y su padre. El niño se refiere a la pródiga sexualidad de su madrastra, que ocurre como la metáfora del cuadro y su abundancia de triángulos en un triángulo de deseo sexual. El narrador en segunda persona lo relata: "Este aposento triádico –tres patas, tres lunas, tres espacios, tres ventanillas y tres colores dominantes" hacienda nuevamente referencia a la Trinidad y a la ruptura de normas. A nivel textual el narrador enuncia la irrupción en la sintaxis haciendo un paralelo entre el orden textual y el orden a nivel social de parámetros y reglas rígidas con las reglas de sintaxis y de orden de palabras dentro de la oración:"...esa fusión que sólo puede expresarse adecuadamente traumatizando la sintaxis: yo te me entrego, me te masturbas, chupatémonos" (Vargas 161). El erotismo como pináculo de la existencia está en el *Elogio* como teorizado por Georges Bataille.

Según el pensador francés el erotismo se alcanza cuando el individuo es capaz de hacerse y deshacerse pasando la barrera de las reglas y los estamentos pactados en el campo de lo simbólico.[42] El hecho de alcanzar el erotismo convierte al ser en soberano. Ya lo dice el narrador refiriéndose al "renacer" de Lucrecia y Rigoberto en sus encuentros eróticos: ¿Era eso la soberanía? (Vargas 153). El ejercicio del erotismo está bloqueado por las normas sociales que impiden que el sujeto se libere de las mordazas simbólicas que lo aprisionan. Por ello, el narrador en segunda persona insta al lector a observar el cuadro con detenimiento y al mismo tiempo observar su propia existencia dentro del texto y dentro de lo social: "Ahora cierra los ojos. Ahora, sin abrirlos, mírame y mírame tal

[42] Para Bataille los sujetos que transgreden niegan las leyes del mundo de la razón (la entrada al campo simbólico).

como nos representaron en ese cuadro que tantos miran y tan pocos ven" (Vargas 161).

El capítulo 14 encierra el eje central de la representación subversiva de la madre en el *Elogio.* En él se relata el episodio de la aparición del ángel a María, la virgen madre de Jesucristo, según la tradición católica. La descripción de María es la de una joven inocente y tímida que se ruboriza sólo al escuchar relatos sobre "el amor". Sus compañeras la animan a ser menos "apocada y vergonzosa" y más "audaz", porque siendo así nunca podrá saber nada del amor. Los nombres de sus amigas conllevan la imagen de mujer fuerte y decidida, la antítesis de María. Son Deborah y Esther[43] quienes son personajes bíblicos que representan la fuerza, decisión y poderío de la mujer. Todos estos atributos de los que según la tradición, María carece. María se siente confundida al haber sido elegida "entre todas las mujeres".

Ella se sorprende porque considera que "en la aldea hay muchachas más lindas y hacendosas, más fuertes, más ilustradas, más valientes [...] ¿Por qué me elegirían, pues, a mí? ¿Por ser más reservada y asustadiza?" (Vargas183). La representación en la novela de la María Virgen como una mujer pusilánime, débil sin ninguna fuerza y ajustada a su rol de mujer pasiva a merced de los mandatos masculinos, tiene la carga crítica sobre la posición de la mujer y la madre internalizada en la cultura latinoamericana. Raquel,[44] su amiga, otra figura emblemática de fuerza y poder, comenta sobre ella: "María es tan discreta que parece invisible" (Vargas 185). La

---

[43] En el Antiguo Testamento, Deborah aparece en el libro de los Jueces 4 y 5 como una profetisa y el cuarto y único juez mujer de la era pre-monárquica de Israel. Deborah era conocida por un espíritu fiero y también como la Madre de Israel lo cual consta en la "Canción de Deborah" en Jueces 5. En Jueces 5:7, se lee: "until that I Deborah arose, that I arose a mother in Israel". Esther es la reina del Imperio Persa en la Biblia hebrea, esposa de Artaxerxes II, y la heroína del Libro de Esther nombrado en su honor. El nombre Esther viene de la palabra persa "estrella".

[44] María la llama "la inteligente".

invisibilidad trasunta la idea de su falta de posicionamiento y legibilidad como sujeto social y su existencia en el imaginario como simple objeto y receptor pasivo, exactamente como es descrita María, figura emblemática y referencial para la visión de la mujer en Latinoamérica.[45]

El Marianismo como construcción cultural ha planteado mediante su símbolos, la sumisión y desaparición de la mujer como sujeto; ya lo expresa María: "Yo casi no existo" (Vargas 186). La invisibilidad de la mujer y su voz del campo no sólo público sino privado, haciendo de ella una madre-virgen sin reconocimiento ni ejercicio sexual se observa en esta parte de la novela.

El epílogo nos transporta nuevamente a la casa de Rigoberto, ya sin Lucrecia quien ha sido expulsada por su marido,[46] y al niño hablando con Justina, la criada. Ella le increpa su falta de "remordimiento" por haber puesto en evidencia a Lucrecia ante su padre. A lo que Alfonsito contesta con total indiferencia diciendo que sólo escribió esa composición

"contando lo que hacíamos" (194). Ante la insistencia de Justina, Alfonsito intenta seducirla y decirle que lo que hizo fue por ella, Justina, para que se quedaran solos él (Alfonsito), su padre y ella, Justina. La ambigüedad del final abierto sin resolución sobre el motivo real de Alfonsito de seducir y luego denunciar a su madrastra deja al lector en duda de lo acontecido. Esta misma ambigüedad del final sin final cerrado paralela la representación de la madre que está sujeta a la ambigüedad o doble discurso de

[45] Esta representación es ejemplificada en México por la figura de la Malinche cuya antítesis es la Virgen de Guadalupe. Es decir, la "chingada" o mujer violada por el colonizador versus la madre virginal. Según Octavio Paz ésta es la dicotomía que aparece en el imaginario social mexicano con respecto a la mujer, y que sirve como base simbólica del machismo mexicano.

[46] Feal Geisdorfer afirma que el motivo de la expulsión de Lucrecia es también el ejercicio de su sexualidad: "Indeed, what happens to Lucrecia after this chapter concludes is not a glorious ascent as the Queen of Heaven, but a banishment, or rather a punishment for having become the sexualized mother" (Feal 101).

una sociedad pacata que la limita y restringe. La obra como ficción literaria se da la licencia de cuestionar y exhortar al ámbito social y dialogar con la naturaleza ambigua de la madre/mujer/asexuada impuesta por sus patrones.[47]

La ambigüedad del final abre una pregunta sobre lo ocurrido y sobre la responsabilidad de los actantes: Lucrecia y Alfonsito. Asimismo se abre una pregunta al lector sobre su participación en la creación/recreación de la obra y de la subjetividad de la mujer como eunuco destinada a procrear "con dolor"[48] pero que se le niega el placer sexual según el mandato religioso. La obra deja espacio al cuestionamiento de otra responsabilidad, fuera del texto, individual y colectiva hacia una moral intricada o, según opina Nietzsche, inhumana e irracional.

---

[47] Para Rodríguez Abad, *Elogio* como obra de ficción apunta al "enriquecimiento crítico" de sus lectores y como buena literatura que es "se concibe como un desafío a lo que existe: el elogio de la ficción se respira en cada página" (Rodríguez 84).

[48] Según el libro de Génesis Eva es condenada a parir con dolor por desobedecer y comer del fruto prohibido.

Capítulo VI

La vejez como sitio heterotópico en "Un señor muy viejo con unas alas enormes" de Gabriel García Márquez

El cuento de Gabriel García Márquez (Premio Nobel de Literatura 1980), "Un señor muy viejo con unas alas enormes" (1968) se sitúa en un pueblo costero. La historia se inicia durante un temporal donde el cielo y el mar se encuentran turbios y la niebla cubre el pequeño poblado. En este tiempo sombrío "donde el mundo estaba triste desde el martes" (1), de pronto aparece un ser extraño, una especie de hombre con alas, calvo, desdentado, "vestido como un trapero" (1), y con "voz de navegante" expresándose en un idioma extraño e inteligible. Pelayo y Elisenda lo encuentran en el patio de su vivienda, con las alas grandes, sucias y sin plumas. Ese día a la medianoche acaba el temporal y el niño de la pareja se recupera de la fiebre que lo aqueja. A pesar de que el hombre viejo alado solo trae beneficios a la familia, ésta no le brinda ninguna atención. Sin saber qué hacer con él, le ubican en el gallinero. El viejo, entonces, vive en ese muladar lleno de parásitos, lodo y basura, humillado y maltratado. Al final del cuento, el viejo se recupera, toma fuerzas y es capaz de volar de ese infierno en el que cae accidentalmente.

La lluvia, el agua que inunda y desciende a la tierra se asocia en muchas culturas con la llegada de una visita milagrosa. Cuando es copiosa, la lluvia se impone como el poder sobrenatural e inmenso de la naturaleza y posee cualidades contradictorias; aunque es necesaria, también es temida. La lluvia precipita el crecimiento, el cambio, la purificación, y frescura pero también el desastre y la catástrofe. La imagen de la lluvia en las mitologías representa la penetración a la tierra desde fuerzas celestiales con poderes fertilizadores y, el punto de unión sagrado entre el cielo y la tierra. Como símbolo y metáfora, la lluvia refleja también la mente humana. Cuando todo se inunda, el humano se siente sobrepasado, abatido, vencido. Cuando llueve, se busca resguardo, refugio, protección. La lluvia en el cuento es continua por tres días y precede a la aparición del ser sobrenatural. Gracias al forastero, también se da la mejora del nivel de vida de la familia a tal punto que les posibilita comprar una "mansión de dos plantas con jardines y balcones" (4).

Los alquimistas[49] perciben la lluvia como el limpiador del estado de "nigredo" (putrefacción y descomposición) ya que ilumina y reanima lo que está obscuro o muerto. Después de la limpieza, hay un nuevo "conjunctio" una fresca unión del cuerpo, la mente, la imaginación en un nuevo nivel de consciencia. Casi todos los mitos humanos incluyen referencias a una "inundación divina" para limpiar y crear una nueva era.[50] De hecho, en "Un señor muy viejo" la nueva etapa se abre con la aparición del forastero. Con la llegada del anciano alado, como ya se ha dicho, llega el buen tiempo, la cura del bebé y la mejora económica de la familia. A pesar de traer bien a la familia y al pueblo, el viejo es maltratado por la pareja, los pobladores e incluso el sacerdote, el Padre Gonzaga. Una vecina a quien piensan "sabia" y el clérigo del pueblo coinciden en afirmar que el hombre es en realidad "un ángel".

Al respecto Clark afirma: "With comic disdain García Márquez seems to be laughing at both parties—crass modern society as well as celestial sanctity", (2). La primera aconseja "matarlo a palos" y el segundo previene a los pobladores de las "muchas caras" del demonio insinuando, que el hombre viejo alado es el diablo disfrazado. Ayala afirma que García Márquez elabora en este pasaje una sátira a las creencias religiosas:

---

[49] La alquimia es la base de las ciencias modernas. Su origen data de la antigüedad y su propósito entre esotérico y científico estudia las transformaciones de la materia. Los dos fundamentos principales de la alquimia se resumen en la búsqueda de la piedra filosofal que transforma los metales en oro, y en la panacea universal o la cura de todos los males/la eterna juventud.

[50] En todas las culturas del mundo existe un mito de inundación. Desde la antigua Babilonia descrita en *La epopeya de Gilgamesh*, en la antigua Grecia el mito de Ogyges, en los poemas en prosa irlandeses medievales, la leyenda de Manu y Matsya en la India, el mito de Gu-Yun en la China, Nu'u en la mitología polinesia (Hawaii) y la inundación que manda el dios Viracocha en la mitología inca entre otras.

"...donde un cura incrédulo duda de la identidad angelical de ese bicho demasiado humano que no entiende Latín (sic)..." (67)

Es cierto que los ángeles son frecuentemente representados como moralmente ambiguos. El ejemplo más concreto proviene de la tradición cristiana. El ángel Lucifer (el que trae luz) más tarde se rebela ante la divinidad y es castigado. Por este motivo, los ángeles propician la asociación paradójica de la rebelión y la caída en la consciencia. En algunos mitos, estos seducen a las mujeres (Génesis 6:2) como se representa en el caso de John Travolta en el film *Michael*, o en la película de Wim Wenders, *Wings of Desire* (1987). Los ángeles en otras instancias enseñan a los humanos secretos de la astrología, metalurgia, o de la vida misma. En *It's a Wonderful Life*, el ángel le muestra a James Stewart (George Bailey) la importancia de los valores ajenos al dinero. Los ángeles así representados encarnan la fuerza potencial de salvar o aniquilar. Este supuesto ángel del relato, aunque sólo prueba sus características benéficas para el poblado y la familia igualmente es maltratado y rechazado.

El énfasis en el título del cuento con el superlativo "muy viejo" indica que ángel, alado o no, el hombre extranjero es un anciano. Es evidente que la pareja que se aprovecha de las circunstancias de tenerlo en el patio, el pueblo entero, y el sacerdote no considera su avanzada edad, por cuanto debilidad y necesidad de protección. La masa repite el trato que se les da a muchos de los ancianos, así representados en la cultura popular, la literatura y cine. En el cuento de los hermanos Grimm "El abuelo y el nieto" (1812) el viejo es relegado a comer en un rincón en un viejo recipiente de barro; también en la reciente película animada española *Arrugas* (*Wrinkles*) (2011) basada en la novela gráfica *Arrugas* (2007) de Paco Roca se observa la tendencia moderna de la exclusión de los viejos como entes sociales o los apartados del ámbito familiar (Mancini 5). El anciano recuerda a la muerte o a su cercanía y, como a ésta, se le rechaza y aparta. También éste conmemora a lo inevitable; la mortalidad y el inexorable, lógico decaimiento del ser humano. Silvina Ocampo afirma en sus "Cartas Confidenciales" (1970) que "envejecer es cruzar un mar de humillaciones día tras día" (15). Es exactamente lo que le ocurre al hombre alado. El maltrato y desdén es en parte por su vejez. El lugar de encierro del viejo alado es un gallinero lleno de suciedad, lodo, heces, donde se le alimenta con desperdicios y se le muestra como un fenómeno o animal de circo. La gente le echa basuras, tira piedras, arranca las plumas, y hasta lo intentan marcar con un hierro caliente. El maltrato es continuo y constante. Esta conducta del pueblo está también arraigada en las creencias populares de los pueblos rurales según argumenta Eduardo Chirinos (229). Elisenda al final de la historia es contundente al afirmar que por fin se libra del "estorbo" (8) y del "infierno de ángeles" en que se ha convertido su casa. En diciembre, con la llegada del buen tiempo en el hemisferio sur, el viejo logra emprender el vuelo y dejar de ser una molestia en la vida de Elisenda y Pelayo.

¿Cómo habría sido tratado el ser si en lugar de ser muy viejo hubiera sido un joven bello? Es el caso del ya mencionado film *Michael* (1996) protagonizada por John Travolta, quien es acogido con amablidad y cariño por los terrestres. Michael en este caso es un ángel díscolo, seductor, apuesto y joven.

El circo es otro *leit motiv* en la obra de García Márquez. Rincón nota la referencia a la feria, fiesta como una alegoría en el cuento (34) "Un señor muy viejo". En "La increíble y triste historia de la Cándida Eréndira" (1972), y las obras anteriores a *Cien años de soledad* (1967) como "Los funerales de mamá grande" (1962) y *El coronel no tiene quien le escriba* (1965), aparece el tema del espectáculo popular y sitio de carnaval y fiesta. La llegada del circo en las obras de García Márquez marca la ruptura con la rutina del paisaje social. En esta obra, el hombre muy viejo genera un quiebre de la monotonía en el pueblo y lo sitúa como protagonista de la diversión y entretenimiento. En un ambiente menos rural y más bien sofisticado y cosmopolita, se recrea el tema del circo y la vejez en el film *La Grande Bellezza* (2013). En la película ganadora del Óscar a la Mejor Película Extranjera de 2014, el protagonista, un hombre que cumple sesenta y cinco años celebra la vida en una continua fiesta con amigos y amantes de su generación. Jep Gambardella es un escritor exitoso, se dedica al disfrute y al hedonismo emulando la idea del circo con música estridente, comediantes, luces, enanos (la jefa del periódico) e incluso, su lujosa vivienda tiene vista al circo por antonomasia, *Il Colosseo Romano*. En este caso el circo emula a la sociedad italiana y a la decadencia en un grupo de pseudo-intelectuales sexagenarios que se reúnen a discutir sobre política y arte. Tal como Fellini retrata a la Italia decadente de los sesentas en *La Dolce Vita* (1960), en *La Grande Bellezza* la temática es similar. La diferencia entre los dos protagonistas es básicamente la edad, pero ambos son elegantes galanes que viven como cronistas de la sociedad mundana en la que viven. En el caso de *La Grande Bellezza*, el protagonista es el escritor, Jep, que se resiste a ser viejo y se encuentra activo intelectual y físicamente. Sus amistades se someten a diversos tratamientos y cirugías para mantener la lozanía. La vejez en este sentido es maquillada para conservar una aparente juventud, representando así a la Italia decadente política y socialmente, pero que se mantiene vigente apoyada en su fortuna y su elitismo ficticio.

Todo es exagerado en Jep, abundante, grande, como en el cuento de García Márquez. Esta característica la nota María Soledad Romera Sánchez, en su artículo *El mundo mágico de Gabriel García Márquez: Un recorrido por su narrativa*, afirma que García Márquez en este cuento y otros ha sabido crear ambientes fantásticos llenos de hipérboles (127). En la película *La Grande Bellezza*, la extrema abundancia hace referencia a lo político-social y a la clase alta italiana *-i ricchi-* los que son expuestos satíricamente. La película muestra nuevamente el circo de la sociedad italiana, en particular de la clase alta. Robert Draper en su estudio publicado en el número de septiembre de 2014 de *National Geographic* atribuye al emperador Nerón como el padre de la tendencia a la vida exuberante y exagerada de los ricos en la Roma moderna (110).

En contraste, en la novela de García Márquez, el hombre viejo y su entorno no tiene glamour, la miseria humana no es maquillada, sino expuesta en carne viva. El hombre alado es mostrado como un animal o espécimen raro. Incluso Pelayo y Elisenda organizan una feria trayendo diversos números y funciones en el pueblo usando al viejo alado como una atracción más. De este modo, se crea una distancia entre un solo hombre viejo y alado y el resto de la sociedad que lo desprecia y observa de lejos, como a la vejez. El mejor número de la feria que se organiza en el pueblo, no obstante, es una mujer-araña. La desobediencia a sus padres, cuando niña, es castigada desde un poder celestial que se abre con un "trueno de azufre" para convertirla en araña: "Era una tarántula espantosa del tamaño de un carnero y con la cabeza de una doncella triste" (4). El intertexto con los cuentos populares es evidente en este pasaje, ya que la causa del estado actual de la mujer es haberse escapado de la casa para asistir a un baile. La mención al bosque, y al trueno que abre el cielo en dos mitades que la convierte en araña es también emblemática de los castigos divinos del Antiguo Testamento, o el *Torah* de la religión judía. Según Boekhoudt, aquí se observa un inter-texto bíblico con la historia de la esposa de Lot, quien se convierte en un banco de sal al desobedecer y volver la vista atrás transgrediendo la ley divina. (4). Igualmente, la mujer araña se transforma en tal por no obedecer a sus padres y transgreder la ley parental.

Como en otras obras tales como *El amor y otros demonios* (1994) , *La increíble y triste historia*, *El amor en los tiempos del cólera* (1985) y otras, este cuento a su vez hace referencia a elementos arquetípicos o *leit motivs* de cuentos populares como "Rapunzel" (1812) , "La bella durmiente" (1697), "La Cenicienta" (1697) , "La Caperucita Roja" (1697). Estos relatos basados en mitos, creencias o cuentos también paralelan la figura del viejo, pero con el tinte de magia o efecto sobrenatural de los cuentos de hadas y mitos populares. La creencia del pueblo atribuye en el viejo cualidades santas al ser "un ángel". Al final de la historia, Elisenda informa: "se arrastraba por la casa y aparecía en diversos lugares" mostrando la naturaleza ubicua del ser con cualidades divinas. Como tal, le asignan la autoría de "milagros" pero admiten que son "milagros de consolación" ya que no tienen sentido y rayan en el absurdo: "el ciego que no recobra la visión, pero le salen 3 dientes nuevos. El paralítico que no pudo andar pero estuvo a punto de ganarse la lotería y el leproso a quien le nacieron girasoles en las heridas" (4). Los milagros en este caso son actos circenses. Como parte del elenco de un circo y fundamento de la estética de este espectáculo están los payasos. El viejo actúa y/o interpreta varios papeles en el circo que Elisenda y Pelayo han organizado, donde él es una figura más. Además de ser un animal-humano o fenómeno de la naturaleza es también el personaje circense por excelencia; un payaso, pero un payaso triste. James Stewart en *The Biggest Show on Earth* (1952) protagoniza también un payaso triste, que se esconde bajo una máscara alegre. "Buttons, the clown" se oculta para disimular además de su identidad ante la ley, la tristeza de, como médico, haber ayudado a morir a su esposa, quien padecía una enfermedad terminal.

Al igual que en el circo fellinesco en *La Strada* (1956) *Le Notti di Cabiria* (1957), en *Un señor muy viejo* se establece en la narrativa un espacio contradictorio y polifónico. Foucault los llama "heterotopías" o "contralugares" y es donde se encuentran representados todos los "espacios y lugares reales" pero simultáneos, contestados o invertidos. Las heterotopías están fuera de todos los lugares pero contenidos en ellos. El Realismo mágico se nutre de la tradición circense restaurando el espectáculo circular en la narrativa. Boekhoudt en este sentido sostiene que García Márquez tiene la capacidad de asociar hechos reales e imaginables a través de la estética del realismo mágico, (1) "La realidad aparece retratada con tal maestría que la frontera entre lo verdadero y lo fantástico se difuma con naturalidad", (Romera, 129). El circo tiene una audiencia no participativa, pasiva a diferencia del carnaval que además de ser gratis, y no un espectáculo lucrativo como el circo, la audiencia es parte del carnaval y se integra en la fiesta. Pelayo y Elisenda aprovechan la numerosa acogida del ser con alas para comerciar y usarlo con fines lucrativos. Recaudan cinco centavos por cada entrada al gallinero para ver al supuesto "ángel". Así llegan curiosos de todas partes a buscar la cura de sus males, pero el "ángel" sólo hace milagros que provocan risa. El ángel viejo está en el eje de este circo que no conmueve, sino que hace reír. Nota Chirinos,"este ángel que Gabriel García Márquez presenta se convierte en personaje de circo, ya que la gente lo considera como del espectáculo y llegan a verlo por curiosidad y otras para burlarse de él" (228). La expectativa como rigidez del libreto que no se cumple provoca la risa según Bergson. En el caso del viejo, su apariencia de santo con alas es más bien cómica y propulsa la laxitud de la risa como propone el filósofo francés. (*La Risa*, 1901).

El ser alado ocupa varios espacios al mismo tiempo: es payaso y animal, viejo y ángel, hombre y ave. La incongruencia, anormalidad y excentricidad del circo está personificada en él y es el punto concéntrico que emula los "sitios reales" como indica Foucault. La vejez es otro sitio heterotópico ya que le recuerda al humano su vulnerabilidad y fin. El circo es además una alegoría de la humanidad. La tienda circular que lo contiene, los diversos escenarios en que se representa, la variedad de personajes, su calidad nómada e itinerante representa las varias facetas y máscaras de los humanos. La esencia múltiple y paradójica del circo es ambas circular y linear, simple y compleja, histórica y atemporal. Está contenido en un espacio compacto, cerrado y abierto al mismo tiempo mostrando la ambivalencia en la obra misma.

Una vez que organizan la feria otro ser híbrido es el eje: "La mujer araña era el centro de atención" (4), ésta aporta el simbolismo de la araña asociada con el laberinto de la tela que incorpora prisión y liberación, caos y orden, confusión y claridad. La jornada en un día de circo equivale a la jornada en el día a día como un microcosmos que se revela en diversos lugares emulando los múltiples o multiversos humanos.

Por otro lado, en el mundo circunscrito del pueblo que emula a lo social, se maltrata a un forastero viejo y alado sin atisbo de solidaridad o compasión ninguna.Ya sea por el temor o por simple indiferencia, "el ángel" es confinado y abusado a pesar de ser un hombre viejo. Al respecto, Quimm afirma: "Similarly, there is a suggestion in *A Very Old Man with Enormous Wings* that the stranger in question is an 'angel'- an existent from the mode of myth-but because he is so old and defenseless, he is locked up in a chicken coop, and this is highly ironic". (52). Pelayo y Elisenda advierten que de tanto mirarlo "Lo encontraron familiar" (1). En este momento la pareja parece percibir la conexión con el viejo y se ven en él. El hombre los hace conscientes de su propia vejez y declive. Llegar a la vejez es en sí misma un recuerdo del final de la jornada y al igual que a la muerte usualmente se le ahuyenta y aparta para que no "contamine", se aproxime y apodere de uno. Mc Farland nota este aislamiento: "...the old man who happens to have wings, though he, too, is set apart from the community...", (553). Hacia el final del relato el viejo se enferma gravemente y el niño de Pelayo y Elisenda, el único que parece acercarse al viejo con piedad también cae enfermo. La enfermedad de ambos desplaza la idea de asociar las enfermedades con invasiones (de bacterias), falta, desórdenes, desbalance, corrupción. La enfermedad está en íntima relación con la muerte, pero al mismo tiempo con el renacimiento. Las sociedades primitivas asociaban las enfermedades con las almas perdidas, espíritus malvados, impureza, transgresión de tabús. (Vogel 35) En esta instancia la enfermedad renueva al viejo alado que encuentra nuevas fuerzas, bríos para escapar y finalmente huir volando. La narrativa se inicia y acaba forjando su circularidad. El niño enferma y luego cura coincidiendo con la llegada y/o huida del viejo.

El viejo soporta las infamias con estoicismo y mansedumbre como un santo o un sabio. Estas características se asemejan a la figura cristiana de Jesús quien acepta los agravios del pueblo judío que lo condena y crucifica sin razón. "La lógica de sus alas resultaban tan naturales que no entendía el médico, por qué no la tenían los otros hombres" (5). Las alas como el símbolo de la libertad por excelencia son en este caso un comentario a la resistencia del humano a ser libre, aunque posee la capacidad, pero prefiere vivir sujeto a ataduras mentales que lo anclan a los convencionalismos, tradiciones, presupuestos o preconceptos y le impiden pensar por sí mismo y ejercer la libertad.

Hacia el final del cuento, el mismo viento que trae al extranjero alado, lo lleva lejos una vez que le crecen plumas en las alas. El viejo se esconde para que no lo vean ni escuchen "cantar canciones de navegantes que cantaba para las estrellas" (6). La idea de movimiento se concentra en la mención del navegante como tema de sus melodías, ya que es análogo a la movilidad, migración y/o retorno. El navegante está en constante movimiento y es extranjero en los lugares que visita, como el protagonista es también un forastero en el pueblo. La percepción del viejo como un ser que viene del mar, del infinito horizonte explica su apariencia extraña y sobrenatural, además de poseer una cualidad fuera de este mundo, "la paciencia", según el narrador. Llega del mar y regresa a él al convertirse hacia el final del relato en: "un punto imaginario en el horizonte del mar" (6).

El primer encuentro con el ser sobrenatural lleva al narrador omnisciente a nombrar una taxonomía de seres humanos:

> Los más simples pensaban que sería nombrado alcalde del mundo. Otros de espíritu más áspero, suponían que sería ascendido a general de cinco estrellas para que ganara todas las guerras. Algunos visionarios esperaban que fuera conservado como semental para implantar en la tierra una estirpe de hombres alados y sabios que se hicieran cargo del Universo" (2).

El viejo alado es además por su constitución un híbrido, ni pájaro, ni hombre, ni ángel. Emula al post-humano reciente y frecuentemente representado en la literatura y el cine actual. En la obra de Octavia Butler, *Fledgling* (2005) se representa a Shori una raza híbrida ni humano ni vampiro, sino ambos. En *The Left Hand of Darkness* (1969) una raza post-humana puede elegir entre un género u otro (masculino o femenino) en la pubertad, la popular saga *Twilight* (2005-8) cuya raza de vampiros cohabitan con los humanos y crean una nueva casta por medio de procrear con ellos. En la cita anterior se ejemplifican las categorías de humanos según su fondo y tamaño. Los "visionarios" esperaban que el viejo alado fuera el inicio de una nueva raza híbrida de seres alados y sabios. Tal como aparecen en la novela super-ventas de James Patterson, *Maximum Ride: The Angel Experiment* (2005) que describe como una nueva estirpe de humanos con alas son perseguidos por sus creadores.Max, Fang, Iggy, Nudge, The Gasman y Angel pertenecen a una clase nueva, superior a la actual.

El hecho de convertir al ser humano en seres antropomórficos que contengan rasgos de otras especies cruzando los límites biológicos exhibe la esperanza de sobrevivir en medio de la mediocridad de la raza humana. La hibridez del ser y lo contradictorio de su existencia invita a la esperanza de encontrar un nuevo "cielo" donde desplegar sus alas, tener la oportunidad de ser "libre" de ataduras y prejuicios culturales y sociales. Crear el nuevo post humano parece ser una reflexión en "Un señor muy viejo". Un ser que sea capaz de apreciar lo realmente relevante, cultivar y sembrar frutos sanos y limpios. Un nuevo ente que evite para siempre sembrar y promover esas frutas extrañas ("Strange fruit") a las que hace referencia en la famosa canción escrita por Abel Meeropol e interpretada por Billy Holliday en el sentido de desaparición, destrucción, rechazo al que es diferente. El cuento "Un señor muy viejo con unas alas enormes" especula sobre diversos asuntos que conciernen al ser humano moderno. En el texto de García Márquez surge la idea de florecer en un mundo verdaderamente libre de las mordazas mentales y forjar un ser superior que no sea capaz de repetir la historia, maltratar y matar a sus semejantes por el simple hecho de representar al otro heterotópico y/o "desigual".

Capítulo VII

Un análisis semiótico de los espacios: la raza sudaca y la caverna de Platón *en El cuarto mundo* de Diamela Eltit[51]

El psicólogo austríaco Carl Jung definió las ideas contenidas en el inconsciente colectivo como arquetipos. Estas formas se ven representadas en el imaginario social y su contenido depende de la consciencia individual en la que aparecen. El arquetipo de la madre, el sabio, la doncella, el héroe, etc son comunes y se observan principalmente en el ámbito social, pero también en el literario. Estos arquetipos que forman parte del inconsciente colectivo se paralelan con la platónica y célebre alegoría filosófica de la caverna. Este ensayo analiza *El cuarto mundo* (1988) como una provocación a la reflexión sobre la condición humana basándose en la representación textual de los arquetipos como réplica (en el sentido de imitación no original y en el sentido contestatario) de una sociedad/mundo distópica/o, donde la condición del ser humano es figurada principalmente en base a las ideas de Jung y Platón, así como de forma secundaria en el marco teórico de los filósofos rusos Ouspenski y Guirdjieff. Este análisis se aparta de las numerosas lecturas y estudios académicos hechos ya sobre la novela de Eltit, las cuáles sitúan la obra en su contexto socio político y teórico.[52] En este caso, el análisis del cuarto mundo pone énfasis a las características internas del texto en sí mismo como "concreto universal" (Brooks 31).

---

[51] Una versión de este artículo fue publicado en las actas de XII Congreso Internacional de Literatura Española Contemporánea Universidad Nacional y Kapodistríaca , Athens, Greece, June 15-17, 2011. E-publication (CD-ROM) Andavira Editora, Spain, March 2012.

[52] Estudios como los de Covarrubias (21-7), Julio Ortega (26-7), Carmen Berenguer (17-19), Castro-Klarén (196-207), Guillermo García Corrales (71-76) analizan la novela de Eltit en el contexto de la dictadura de Augusto Pinochet y de las vertientes postestructuralistas de las que la novela se nutre.

Este estudio sitúa a la madre como figura pivotal en la recreación textual de un mundo distópico habitado por una "raza sudaca". *El cuarto mundo* tiene como protagonistas al gemelo María Chipia y a su hermana. El relato se inicia desde el espacio neonato que los alberga, el vientre de la madre, y finaliza con la relación sexual de los gemelos y el producto de esta unión incestuosa: la niña sudaca que irá a la venta. Los espacios conforman uno de los ejes interpretativos en la novela. De hecho, abundan los estudios como el de Nelly Richard quien encuentra paralelismos entre el clima político social durante la dictadura de Pinochet y el cuerpo como un espacio de encierro en *El cuarto mundo*. Existen en la novela cuatro niveles cósmicos. El primero el vientre de la madre; el segundo, la casa donde viven los padres con los mellizos y la hija menor, María de Alava; el tercero lo conforma la ciudad que los rodea y aprisiona; el cuarto engloba a todos los anteriores, el mundo. Estos lugares siempre restrigidos se contienen y alimentan entre sí encerrados, reprimidos mostrando las limitaciones a las que someten a los ocupantes de la casa tanto física como mentalmente.

Krauel y Lüttecke han tomado como referencia a Platón y al mito del andrógino expuesto en el Simposio para analizar la transgresión en *El cuarto mundo*. Juan Carlos Lértora (27-37), Marina Arrate (141-55), Ignacio Valente (1-2), Eugenia Brito (43-45) entre otros mencionan el contenido eminentemente experimental y su cuestionamiento a los roles sexuales notando la estética andrógina y ambigua del texto. Esta lectura también toma como referente teórico a Platón, pero en el marco de su cuestionamiento a la existencia humana.[53]

En *El cuarto mundo*, los espacios que contienen a los protagonistas alegorizan el mito platónico y su repercusión individual y social. En el Libro VII de *La República*, Platón relata cómo un grupo de prisioneros habita en un espacio limitado; la caverna, de la cual están imposibilitados

---

[53] María Inés Lagos nota la "enigmática pero poderosa fenomenología de la existencia femenina" (140). Este análisis amplía el espectro a la existencia del ser humano.

de salir. Los prisioneros se encuentran encadenados y de espaldas a la salida desde donde entra la luz de un fuego exterior: "Human beings living in an underground den, which has a mouth open towards the light" (253). El primer lugar que contiene a los protagonistas es el vientre materno donde el mellizo, María Chipia, inicia la narración. El vientre de la madre es la primera caverna que contiene a los protagonistas. En este lugar se gestan las primeras luchas entre los mellizos incestuosos y sus primeros encuentros y conflictos, ejemplificando de esta manera la lucha fraternal entre los seres humanos y sus continuas pugnas. La luz exterior que luego verán al nacer es el mundo/sociedad que los circunda dentro de la caverna del claustro materno. En este encierro primero en el espacio uterino, la madre como matriz u origen del nacimiento, la procreación y la producción humana juega un rol crucial. En lo social, la madre es el eje del núcleo familiar ya que tiene la capacidad biológica de gestar y parir; esta condición la hace el bastión y fundamento de la nación humana, y también como nota Llanos como un anti-arquetipo de la "madre" (109-115).[54] Uno de los mitos más enraizados con respecto a la representación de la mujer latinoamericana y su condición de madre está relacionado con el llamado "marianismo". En el sentido sociológico el "marianismo" es comprendido como un estereotipo derivado del culto católico a la Vírgen María, y aparece en América Latina principalmente como según Evelyn Stevens afirma, la "contraparte del machismo".

El carácter irreconciliable de la maternidad y del sexo es el resultado de proponer como paradigma de "madre" a la madre de Cristo o a la Santa Madre quien concibe sin intervención del hombre y, por consiguiente, sin placer. Esta imagen de la Virgen como arquetipo de sacrificio y de alejamiento de lo corporal teje la tela de fondo del inconsciente colectivo de las sociedades católicas y de las mujeres que son criadas y creadas bajo esta "moral".

54 Examino este tema en el Capítulo IV.

En la novela de Eltit se muestran dos representaciones de la madre; una la antítesis de la otra. En la primera parte de la novela, la madre es representada de manera arquetípica. Según la cultura cristiana, la Virgen María, es el paradigma de la madre. La sumisión, pasividad y tolerancia que emula a la Virgen es el modelo a seguir y la única posición de la mujer en el entorno privado y público. Uno de los conceptos que engrana es la concepción y actividad sexual únicamente como medio y fin de procreación según los dictados cristianos. Lagos también nota esta falta de acceso al placer sexual por parte de la madre en *El cuarto mundo* (127-30). De hecho, la novela se abre con el relato de la relación sexual de la madre con el padre de los mellizos.[55] La madre enferma y afiebrada es tomada abruptamente y obligada por el padre a tener relaciones sexuales:

> Sudorosa y extenuada entre las sábanas, se acercó penosamente hasta mi padre, esperando de él algún tipo de asistencia. Mi padre, de manera inexplicable y sin menor escrúpulo, la tomó, obligándola a secundarlo en sus caprichos [...] su cuerpo estaba librado al cansancio y a una laxitud exasperante. No hubo palabras. Mi padre la dominaba con sus movimientos que ella se limitaba a seguir de modo instintivo y desmañado" (147).

María Chipia es engendrado en esta relación forzada y su melliza es engendrada al día siguiente en medio de la total inercia de la madre y la falta de placer. La madre se convierte en un recipiente, un objeto y no un sujeto de placer.

Confirmando la postura de Lacan en el *Seminario XX* (1972–1973), donde el pensador francés examina la distición entre la *jouissance* femenina y masculina. La diferencia cualitativa entre ambas *jouissance/s* es su manifestación través de su relación con el Otro, especialmente el sexo del Otro, quien para Lacan es la mujer. Lacan afirma que la mujer posee una *jouissance* femenina, la cual él llama "suplementaria". Según el psicoa-

[55] Esta idea del cuerpo de la mujer como eje transgresivo es visto también en *Lumpérica* y *Vaca Sagrada*.

nalista, la mujer, en general, accede sólo a la *jouissance* "suplementaria" como *jouissance of the other*, es decir, suplementaria al goce

del hombre (73). La madre arquetípica en *El cuarto mundo* es metafóricamente el origen y matriz de una descendencia que proviene de las restricciones y coacciones de su libertad. La fuente de vida y reproductora de la especie está construida desde la tradición cultural, que ha formado un simulacro o sombra de ella. El útero de la madre en la novela representa el primer espacio cavernoso y aprisionante cuyo continente, la madre, forma parte principal de la máquina humana reproductora de esclavos/ prisioneros incapaces de "ver".

La segunda matriz es la casa donde vive la familia. En este espacio ocurre la mayor parte del relato. La casa como segundo espacio es un lugar sombrío rodeado de lodo, donde las paredes y los pisos crujen: "Sentía que las paredes contenían una forma de humanidad perversa que su estado sorprendentemente lúcido había descifrado" (202). En la casa se gesta también el incesto de los mellizos, el nacimiento de estos y de su hermana María de Alava. María Chipia expresa su deseo de salir: "Yo, como mi madre antaño, aspiraba a abandonar la casa para encontrarme con un paraíso uniformemente masculino". (176) En la segunda parte de la novela, la madre, a pesar de las restricciones a las que se encuentra sometida por el padre y por la casa, intenta escapar. Desmontándose de la figura arquetípica de madre, ella siente deseo sexual. No obstante, al percibir su deseo lo reprime y purga, visitando y ayudando a los ciegos en un hospital. Estas continuas visitas que la madre se impone pero que aborrece expían según su parecer el "pecado" de sentir deseo e ir en contra de la idea formada por la tradición cristiana del rechazo al ejercicio del sexo por placer. La madre sale del espacio aprisionante de la casa/espacio familiar y pasa al espacio público donde visita al grupo de invidentes. Esta ceguera física del espacio social es también metafórica de la incapacidad del ser humano de salir de los parámetros construidos socialmente. El exterior está ocupado por una población incapaz de "ver" o percibir el mundo. Muchos de los niños a los que asiste la madre tienen "las cuencas vacías" (152) y como en la novela de Saramago, *Ensaio sobre a cegueira* (1995) esta falta de visión es sin duda simbólica de la incapacidad humana de "ver".

La alegoría del mundo de ciegos paralela la naturaleza humana de ir en contra de su propia raza/especie, sin darse cuenta de ello. La madre finalmente, en su búsqueda, encuentra placer en el espacio exterior, pero es inmediatamente sancionada por la ley del padre y devuelta a la casa. La sanción al intento de salir es volver nuevamente a la casa (prisión/ caverna) desde donde no volverá a escapar.

La casa se proyecta como el segundo espacio donde los mellizos se encuentran encerrados desde que nacen y de donde sólo salen en contadas ocasiones. Como una especie de Adán y Eva, los mellizos son creados uno después del otro. El varón, María Chipia/Adán es creado/engendrado primero y luego su hermana/diamela eltit/Eva. Esta creación a nivel del mito judeo-cristiano se da a nivel de la pareja inicial que puebla el mundo. Metafóricamente María Chipia y su hermana como representación humana y no "divina" están destinados a poblar el mundo, un mundo sudaca. La melliza lo afirma: "María Chipia y yo sabemos que hemos nacido por una mala maniobra de Dios" (213). Ellos son los gestores de este poblamiento en las tinieblas de la segunda caverna textual, la casa/prisión. Las pocas experiencias que los mellizos tienen en el exterior son causa de tensión: "Nuestra salida al exterior fue verdaderamente estremecedora [...] esos curiosos y opulentos hombres sudacas parecían a punto de estallar por la presión de la ciudad." (176). El fuego de la caverna platónica se paralela con las "hogueras" que se levantan en toda la ciudad y que circundan la casa: "Afuera las hogueras empiezan a levantarse en la ciudad, rodeándola de llamas. Los reflejos enrojecen las ventanas y nos inundan de espesas y móviles sombras" (228). La sombra es otra figura que permea el texto de Eltit. Al igual que los prisioneros platónicos quienes solamente pueden observar las sombras que provienen del exterior, los personajes encasillados en la casa/prisión también ven solamente sombras. Así lo indican los mellizos: "Obligados a yacer en la misma cuna, percibimos fragmentariamente las sombras y las voces que nos aludían" (157). En el mito de la caverna los prisioneros observan estas sombras móviles que resultan de la manipulación de títeres en el exterior de la cueva, frente al fuego. La luz brillante y abrasante del fuego es emblemática del "saber" que se encuentra en el exterior y al que no tienen acceso. Otro punto que encierra la "caverna" o espacio oscuro (la oscuridad en el sentido físico, sexual, emocional e ideológico) son los sueños como elemento recurrente en la novela. La madre y los hijos sueñan. Los sueños como representación del inconsciente, también difuso, duplican formas no claras, vagas, imprecisas. Esto es análogo a los prisioneros en la caverna, quiénes sólo son capaces de ver las formas o imágenes en la pared que pueden captar de espaldas a la luz (la iluminación, el conocimiento, el descubrimiento interior). Estas formas son las sombras de figuras sostenidas por alguien que maneja figuras de títeres. Lo que los prisioneros ven son la réplica (la sombra) de una réplica (el títere) que es mostrado. En ambos casos lo que se ve es una proyección o simulacro de lo "real". El mundo del sueño es presentado así como reflejo o doble distorsionado. En *El cuarto mundo*, todos los habitantes de la casa sueñan, con excepción del padre. Sueña la madre, María Chipia, la melliza y María de Alava. Las imágenes que ven los prisioneros son las sombras de los títeres, lo que ven son solamente espectros, ya que la imagen que reciben es doblemente distorsionada; primero por la vista indirecta a los objetos y segundo porque el objeto mostrado está manejado por otro. En consecuencia no es el objeto "real". El padre está inscrito en el campo simbólico, el padre es la "ley social"; por lo tanto, aunque está dentro de la caverna no es capaz de percibir ni las imágenes difusas de la realidad. Para el padre el simulacro de lo real no constituye una forma imprecisa; para él, no hay duda que el espacio y sus constructos *son* la realidad. En el espacio de la casa, el padre es el que marca el perímetro/límites del espacio circular en el que se encuentran: "Caminaba en forma geométrica mientras yo permanecía en el centro-eje de sus pasos" (171). El espacio circular de la casa se hace paralelo a la forma del infierno de Dante, donde los espacios o fosas también son circulares: "...vi venir por la fosa circular a gente que, llorando en silencio, caminaba con aquel paso lento que llevan las letanías al mundo" (Alighieri 77).

En otro nivel espacial que envuelve a estos dos niveles está el país, en el tercer mundo. Este espacio se encuentra colonizado y configurado por los países del "primer mundo" con el poder económico y político. El país también se prefigura como el arquetipo de la madre y también la patria (pater: padre). El arquetipo jungiano del senex coincide en la representación del padre en *El cuarto mundo*. Senex en latín significa hombre viejo. Este arquetipo se describe en dos caracterizaciones; en la Roma antigua, por ejemplo, el título se daba a los padres de familia que conformaban la villa. En el arquetipo del senex existe una forma positiva y otra negativa: el hombre sabio o mago y el padre que devora a su prole, como el dios griego Cronos. En este sentido, el padre en *El cuarto mundo* es el arquetipo de absoluta autoridad y también al padre que anula y domina a la madre, quien es el espacio matriz u original. Es decir, al aniquilar la voluntad y deseo de la madre, aniquila también la fuente del origen que sólo podrá reproducir muecas/sombras del original humano anulando la capacidad de formarse desde la razón y no desde la reproducción de proyecciones de imágenes difusas. La madre también emula al país, pero en este caso es una madre que no nutre ni protege sino que ofrece un espejo invertido de la figura arquetípica de ésta. La madre en este sentido, es también un espacio de tipo social, sexual y político. Según Jung el arquetipo de la madre, «lo maternal»: por antonomasia, es la mágica autoridad de "lo femenino"; la sabiduría y la altura espiritual más allá del intelecto. "Mi madre, una vez repuesta, seguía con su vida rutinaria, mostrando una sorprendente inclinación a lo común. Era más frecuente en ella [...] el actuar que el pensar. A decir verdad mi madre tenía escasas ideas y [...] una carencia absoluta de originalidad" (149). En la primera parte de la novela la madre es representada de manera arquetípica, según la cultura que la ha formado. La madre en la novela, como María, se somete a la voluntad y al deseo del padre también emulando al mito judeo-cristiano del mandato de dios al elegirla como madre de su hijo. Su nombre hace eco de este sometimiento en los nombres de los hijos. Ambos contienen el nombre de María: María Chipia, el gemelo y María de Alava, la hija mejor. Diamela, el nombre de la melliza y el que sólo conocemos al final de la novela significa además de "gemela" (Pope 46), flor de jazmín de Arabia. Esta flor tiene como característica particular injertarse sobre el jazmín común para multiplicar la especie. diamela (así escrito en minúscula) es la encargada de poblar y multiplicar la especie humana marginal. Diamela también se convierte en la madre que da a luz a una niña. Esta Eva será la encomendada de continuar la especie de individuos "sudacas". María Chipia lo corrobora refiriéndose a la madre: "Sin duda, su profundo pudor le impidió gestar el terrible lastre de la pareja humana que nosotros ya éramos desde siempre" (160)

El tema de la capacidad de razonar es ejemplificado por Platón en el mito de la caverna, donde simbólicamente representa la situación en que se encuentra el ser humano respecto del conocimiento y la razón. En *El cuarto mundo*, la oscuridad de la caverna en la que vive la familia es simbólica de la oscuridad en la que vive el individuo. La llamada raza sudaca en la novela de Eltit es un grupo que reactúa un microcosmos a nivel de la humanidad en general. Esta idea es afín al espacio infernal en *La divina comedia* donde los condenados se encuentran en condiciones similares a los prisioneros de Platón y a los de Eltit de manera física y metafórica: "...tenían el rostro vuelto hacia las espaldas, y les era preciso andar hacia atrás, porque habían perdido la facultad de ver por delante" (Alighieri 77).

La palabra sudaca también hace referencia al sur, lo que está por debajo, al subsuelo, el subterráneo, el infierno. Al mismo tiempo sudaca es un término peyorativo usado en España para referirse a los sudamericanos.[56] En la novela se equipara a la humanidad como grupo marginal cuyas limitaciones no se encuentran a nivel de riqueza material sino a nivel de conocimiento y capacidad de liberarse de las taras y lacras creadas por él mismo. La raza sudaca no es pues un grupo específico dentro del margen político o social actual, sino la humanidad como raza a punto de extinguirse. Lo expresa la melliza: "... pues ambos sabemos la

forma única de frenar nuestra extinción y la humillación a nuestra raza" (224). Difiero de la opinión críticos como Pope que sindica a "la nación más poderosa del mundo" en *El cuarto mundo* como algún país en particular. "La nación más poderosa del mundo" es el grupo de individuos capaz de pensar/razonar y salir del pensamiento ya conocido y sedimentado culturalmente, o la minoría que es capaz de darse cuenta de la ceguera en que esta raza se encuentra. *El cuarto mundo* es el cuarto camino, el cual representa las posibilidades que posee el ser humano de liberarse de la

[56] El sufijo –aca aporta una carga negativa a las palabras a las que se une. El uso de este neologismo apareció en el contexto coloquial de Madrid en los años ochenta, y es de uso popular hasta hoy en día.

caverna de imágenes en la que está sumido como "asesino desorganizado"[57] según el científico danés Tinbergen.

Las lacras sociales nacen de la idea de dominar al otro y de regir a la humanidad por un estándar creado y fijado por un grupo. Sin embargo, el hombre posee el raciocinio (capacidad de razonar) que los animales inferiores carecen, por lo que podría entender y ampliar su lugar en el mundo. Este don de la razón le serviría al hombre para, a través del conocimiento, que es capaz de adquirir, buscar trazar un camino de armonía a nivel de convivencia con su entorno físico y humano. No obstante, hace lo contrario

Platón explica en su teoría cómo con conocimiento podemos captar la existencia propia y la existencia individual. A través del mito de la caverna, el filósofo griego explica que el ser humano percibe dos mundos: el mundo sensible (conocido a través de los sentidos) y el mundo inteligible (alcanzable a través de la razón). La mente pensante intenta organizar el caos y saber discernir entre lo pequeño y lo grande, lo importante y lo nimio. Las impresiones físicas invitan al intelecto y a su búsqueda.

El mundo que nos rodea, según Platón, muchas veces sirve de estímulo pero muchas veces también sirve de simulacro del mundo real dependiendo del individuo que lo perciba. En el caso de los prisioneros de la caverna, estos al ver finalmente la luz y los objetos tal como son, sufren un choque tanto físico como emocional. Han estado por tanto tiempo en

---

[57] El ganador de premio Nóbel de Medicina del año 1971 llamó al ser humano: "el asesino desorganizado" en su obra *The Study of Instict* (1951). En ella explica cómo el hombre mata por matar a diferencia de los animales con inteligencia supuestamente inferior a la de él, quienes matan por instinto de supervivencia. Según los estudios de Tinbergen, el hombre no tiene las barreras naturales instintivas que impiden al animal matar a sus congéneres. Esta falta en el hombre lo lleva a crear otras formas de control como las leyes sociales o mandamientos religiosos por los que busca regirse.

la oscuridad que no pueden ver más, la luz los ciega (como en la epidemia de "ceguera blanca" en *Ensaio sobre a ceguera* de Saramago). Del mismo modo en *El cuarto mundo*, los habitantes de la casa se encuentran en tinieblas reactuando la situación de falta de conocimiento (la diferencia entre *enlightment* u obscurantismo) en la que se mantienen alejados a la percepción de meras imágenes. Los únicos habitantes de la casa que salen al mundo externo son los mellizos y la madre. El padre y María de Alava, quienes según Cruz Martes representan el espacio simbólico, no ven el exterior, confirmando la idea de que ambos están inscritos en el ámbito que rige el poder social y refuerza los paradigmas o arquetipos. La melliza y María Chipia notan la fuerza de la ley social/ley del padre: "'Un padre no se rompe, ¿ves?', me decía realizando el juego del padre indestructible." (171).

El "cuarto mundo" simboliza el camino al que el ser humano es capaz de acceder, pero al cual no accede gracias a los diques sociales/morales/culturales que se autoimpone. El filósofo ruso Ouspensky describe este conflicto en *The Psychology of Man's Possible Evolution* (1950). Según él, el hombre se puede encontrar en cuatro estados de consciencia: sueño, consciencia de despertar, auto consciencia y consciencia objetiva. La mayoría de los seres humanos se encuentran, para Ouspensky, "dormidos": "It is as though he had a four-storied house, but lived only in the two lower stories" (31). En este estado puramente subjetivo y pasivo, el hombre está rodeado de sueños. No hay lógica, ni secuencia, ni causa, solamente "subjetive pictures" (31) como reflejos o vagas percepciones, tal como viven los protagonistas de *El cuarto mundo*. Una idea similar es la de Gurdjieff desarrollada por De Ropp en *The Master Game: Pathways to Higher Consciousness* (1989). En ella elabora su idea del "cuarto camino" para explicar el enfoque hacia el auto-desarrollo del ser humano y a la capacidad del orteguiano "serse" del individuo. Gurdjieff establece tres caminos o escuelas pertinentes al ser humano: el cuerpo, las emociones y la mente. La mente es ejemplificada por Gurdjieff por el fakir, el cuerpo físico, instintivo con extrema fuerza mental. Lo emocional, Gurdjieff lo ejemplifica con el monje. La mente y el cuerpo no son fuertes, sólo la emoción y los sentimientos cuentan. El tercer camino es el del yogi. La emoción y el cuerpo no son fuertes, sólo la meditación, contemplación, y manipulación de la energía física son preponderantes. El "cuarto camino" es el que busca el ser humano que no se adapta enteramente y exclusivamente a los anteriores. Según Gurdjieff la diferencia patente entre los tres caminos y el cuarto es que los tres primeros están basados mayoritariamente en las creencias religiosas. El cuarto camino difiere porque no es permanente, es una búsqueda de integrar varios aspectos del ser humano para producir/se como ser fuera de la prisión social y de las leyes que la controlan. El cuarto camino no tiene una forma específica o institución que la rige, sino que se gobierna con sus propias leyes particulares nacidas de la combinación de razón, emoción y placer.

Estructuralmente, *El cuarto mundo* también alegoriza esta incapacidad del ser humano. *El cuarto mundo* está comprendida en dos partes. García-Corales afirma que estos dos segmentos narrativos integran la temática de la novela: "These titles represent the incestuous twins whose fluctuating identity and obsession disturb even the verbal re-creation of their own life" (106). De hecho, los mellizos y su creación/recreación en estas dos partes del texto instan a la reflexión sobre la condición humana representada en ellos. En la primera parte, el discurso está a cargo del gemelo como narrador homodiegético en primera persona quien narra desde el espacio neonato que comparte con su hermana melliza.[58] Esta parte se titula "Será irrevocable la derrota". La segunda parte el relato es considerablemente más breve que la primera.

El narrador cambia a la hermana melliza y se titula "Tengo la mano terriblemente agarrotada". Estos dos apartados también forman el eje temático de la alegoría de la caverna platónica y los arquetipos de Jung. La primera acepción del vocablo derrota se refiere a la incapacidad de dejar sin efecto una concesión o resolución. La segunda se trata de la incapacidad de apartar o disuadir a alguien de su destino, la tercera se refiere a la incapacidad de hacer retroceder ciertas cosas, la cuarta es la incapaci-

---

[58] Gisela Norat compara en este sentido *El cuarto mundo* con la novela de Carlos Fuentes, *Cristóbal Neonato* (1987).

dad de pintar de nuevo por la parte exterior de las paredes; y la quinta se trata de la incapacidad de volver a llamar. Todas las acepciones tienen un punto en común: la imposibilidad de deshacer un hecho. El verbo en tiempo futuro "será" indica el porvenir, lo que vendrá. El objecto directo "derrota" en su primera acepción significa camino, senda; es decir, el futuro camino a seguir. En la segunda acepción significa permiso que se da para que entren los ganados a pastar; el ganado, en este caso, es el ser humano como parte de un grupo que sigue al líder sin razonar. La tercera acepción se refiere al rumbo o dirección que llevan en su navegación las embarcaciones. Nuevamente la idea de destino o plano en el horizonte. El cuarto significado de derrota se refiere a la acción y efecto de derrotar o ser derrotado y al vencimiento por completo de tropas enemigas, seguido por lo común de fuga desordenada. El título de este apartado hace referencia a los seres humanos vencidos, sin rumbo ni camino en un mundo de apariencias y formas quienes están destinados a desaparecer sin remedio. La derrota es la del ser humano que no "ve" en el sentido simbólico, ni percibe y camina ciego organizado a través de ideas arcaicas enraizadas y sedimentadas en lo cultural.

Los arquetipos como paradigma y contenido del inconsciente colectivo que determina cómo los sujetos operan aparecen representados en la novela de Eltit como bastiones y fundamento de esta ceguera o ignorancia colectiva. El resultado: la raza sudaca destinada al fracaso.

El segundo apartado tiene como título "Tengo la mano terriblemente agarrotada". La idea de rigidez permea esta parte de la novela. El verbo agarrotar en su cuarta acepción significa quedarse rígido o inmóvil por efecto del frío o por otra causa. La sexta acepción de este verbo significa quedarse inmovilizado por producirse una unión rígida entre dos de sus piezas. Este título también hace referencia a lo estático de las tradiciones sociales, que no admiten cambios o visiones alternativas del status quo. La idea de inmovilidad, marasmo colectivo de la mano cuya función primordial es la operación de tareas sugiere la parálisis de ejecución física y mental. Al usar el singular: la mano, solamente una de las dos, da la idea de inmovilidad de la otra. Solamente una mano funciona y está agarrotada. Simbólicamente la parte del cuerpo con la que se ejecuta, las manos, están prácticamente inservibles. Aquí la referencia es además de al cuerpo humano, al cuerpo social que está agarrotado por un lado e inservible por el otro. Las dos manos no ejecutan prescindiendo del atributo de acción clara dotada a estas partes del cuerpo. La mano está compuesta por los dedos como parte fundamental para su funcionamiento. Platón también usa la metáfora de los dedos para describir lo "visible" y lo "inteligible" y separar lo que se observa a simple vista y no se cuestiona: "...a man is not compelled to ask of thought the question, what is a finger? for the sight never intimates to the mind that a finger is other than a finger." (266) No hay nada en este tema, según Platón, que incite reflexión en el hombre promedio. Sin embargo, la idea de observar cada uno de los dedos, sus diferencias de tamaño, función, textura y relación es parte de la mente intelectual que compara, análoga, cuestiona y busca relaciones de coincidencia o diferencia. Una parte de la mano, los dedos, que aparentemente carecen de profundidad para el mundo visible, sí puede tenerla para aquél que busca respuestas y es capaz de encontrarlas, o quien para Platón sería aquél que busca en el mundo inteligible o de la razón.

En suma, el texto de Elit muestra el "inconsciente colectivo" a través del arquetipo de la madre como eje pivotal. La madre como matriz/centro/origen en la novela temática y estructuralmente es representada arquetípicamente como la creación del imaginario social y la consciencia colectiva. Estudiosos como Uribe, Breckenridge, Lértora, Krauel, Sotomayor ven el cuerpo de la madre en *El cuarto mundo* como un lugar de resistencia escritural y/o genérica. Otros como Sara Cooper la examinan como alegoría de la familia/nación "disfuncional". Este ensayo, también expone una disfunción pero a nivel macro, analizando a la madre metafóricamente como la matriz que reproduce el discurso anclado en lo cultural, repitiéndolo y emulándolo. La madre como origen produce una prole defectuosa según la norma social en el micromundo de la casa, a nivel de la madre como nación, a nivel de madre como país o madre patria y a nivel macro espacial, el mundo. La obra muestra numerosos espacios matrices (maternales) centrales como alegoría de un mundo desgastado, distópico e infernal destinado a la autodestrucción, donde los espacios "sudacas" son simples reproductores de la opresión, el encierro y la ceguera del ser humano. Diamela eltit, la melliza lo afirma: "Ha sido nuestra mala conducta sudaca la que ha precipitado esta espantosa catástrofe" (215). Hacia el final de la novela el eje temático se desvela mediante una revelación: "quiero hacer una obra sudaca y molesta" – la obra, como manifiesto, provoca un llamado a la reflexión de la pobre condición humana representada en ella. Ella, la autora, también se incluye como elemento parte de la humanidad sudaca y mediocre, destinada inexorablemente a su "venta" y desaparición. La frase de María Chipia en medio de convulsiones: "¡Qué hicimos! ¡Qué hicimos!" (Eltit 212) hace eco al grito desesperado de Taylor (Charlton Heston), el protagonista de una de las obras emblemáticas de la distopía literaria *The Planet of the Apes* (Boullet 1963) llevada al cine: "...We finally really did it. You maniacs! Oh damn you! You blew it up. God, damn you all to hell!"

Capítulo VIII

La heterotopia en *Solitario de amor*[59] de Cristina Peri Rossi

Cristina Peri Rossi, escritora y periodista nacida en Montevideo, Uruguay radica en Barcelona, España desde su exilio voluntario en 1972. Cronológicamente su obra pertenece al Posboom latinoamericano y consiste en más de una treintena de cuentos, novelas, ensayos y piezas teatrales. Entre ellos, resalta *La nave de los locos* (1984) considerada por la crítica su mejor obra. Su novela corta *Solitario de amor* (1988) ha provocado a su vez desde su publicación un contingente considerable de crítica. Muchos de los estudiosos han analizado la novela desde lecturas freudianas o desde teorías de género y sexualidad (Linda Levine, Isabel Ascensio, Margarita Hernández-Martínez). Gabriela Mora y Christine Henseler entre otros han afirmado sobre este tema que *Solitario de amor* es una autobiografía de la autora, Peri Rossi, y por ello analizan el objeto lésbico y su problemática. Dentro del espectro crítico de la obra de Peri Rossi sobre sexualidad y género resalta la lectura de Helena Antolin Cochrane. Ella estudia las voces andróginas en tres novelas de la autora: *Solitario de amor*, *El libro de mis primos* (1969) y *La nave de los locos*. Es desde esta perspectiva que se analiza *Solitario de amor* en este capítulo, en relación a lo andrógino como heterotopía sexual.

Solitario de amor cuenta la historia de Aída y su amante sin nombre quien se encuentra subyugado por la pasión que siente por su amada. El narrador relata su experiencia amorosa absorvido por este inmenso amor que lo consume, posee y del cual es prácticamente esclavo:

> Soy un hombre sin posesiones, sin pertenencias, denso, en cambio, de subjetividad. Y ésta, ocupada completamente por Aída, es incompartible: empieza y acaba en ella" (58). "Aída es mi droga y las dosis de Aída que necesito son cada vez mayores" (Peri 83).

[59] Otra versión de este artículo fue publicada en *Pegaso* 5.5 (2012): 25-32.

El protagonista vive para su amor por Aída, su existencia está condicionada a la de su amada. Por otro lado, Aída se deja amar pero no poseer por nadie, es independiente, agresiva, muchas veces fría con su amante fiel, no cree en lazos eternos: "cinco años me bastaron para saber que el matrimonio es la peor humillación de una mujer". (Peri 71) Aída se refiere a su primer marido a quien ella dejó por otro hombre. Ella no cree en el matrimonio a pesar que su amante vive sólo para ella: "¿Casarnos? dice Aída, sardónica-. No me hagas reir. La gente que se casa no hace el amor" (Peri 103) así lo cuenta el narrador/amante: "Aída quiere ser una mujer libre, una mujer sola, una mujer separada". (Peri 32). En *Solitario de amor* tanto Aída como su amante no se adhieren a los roles tradicionales de mujer ni de hombre según la convención social. Según Judith Butler el género es entendido como una actuación (performance): «*the social significance that sex assumes within a given culture*» (*Bodies that Matter* 5). Un cuerpo se hace visible y culturalmente legible cuando se posiciona en un lugar genérico determinado. Butler enlaza esta idea del género como constituido por una serie de actos deliberados que se construyen a través de prácticas de comportamiento y de pensamiento que se repiten y se citan por diferentes discursos que producen y reproducen los efectos que nombran. En el caso de Aída y su amante la performance "femenina" y "masculina" se apartan de lo "esperado" socialmente. En la cultura occidental el hombre ha sido tradicionalmente estimulado a ser agresivo, dominante, generalmente activo; mientras que la mujer, a ser sumisa, débil y pasiva entre otras variadas dicotomías. Sin embargo, estos modelos para muchos teóricos, entre ellos Butler, como imperativos culturales son opresivos y simplistas, además de fomentar la injusticia para aquellos que no se adhieren a los mandatos que el imaginario cultural ha producido y sedimentado histórica y culturalmente. Según Lacan, las ropas son esenciales en un individuo: "Clothes promise debauchery, when one takes them off to enjoy a body (jouir d'un corps) when there are no more clothes leaves intact the question of what makes the One, that is, the question of identification" (6). Lo que se lleva puesto o lo que Lacan llama "el hábito" en múltiples sentidos, se refiere a la costumbre, también como un disfraz y como la ropa que llevan los religiosos. En *Solitario de amor*, el narrador también nota esta prisión simbólica de la ropa que determina también el género restrictivo de "lo masculino" o "lo femenino": "La plenitud de Aída es su desnudez

[...] Vestida en cambio, Aída es una mujer vulnerable. Como si la ropa fuera una segunda piel, incómoda, un disfraz levemente opuesto. El vestido es la interdicción" (Peri 22). El hábito/la ropa que determina el género es la prohibición de cualquier apertura, la restricción asimilada a la cultura y que se proyecta en la cotidianeidad del vestir es una máscara que obliga a actuar con ciertos códigos pre-establecidos.

En *Towards a Recognition of Androgyny* (1964), Carolyn Heilbrun plantea la idea de la ruptura de la homogeneidad de géneros al proponer al ser andrógino como una salida a esta restricción: "Androgyny suggests a spirit of reconciliation between the sexes; it suggests, further, a full range of experience open to individuals who may, as women, be aggressive, as men, tender; it suggests a spectrum upon which human beings choose their places without regard to proprierty or custom" (Heilbrun xi). Esta descripción del individuo que trasciende la denominación cultural de género y lo cruza resultando en hombres "femeninos" y mujeres "masculinas" según Heilbrun, se contextualiza en el texto de Peri Rossi.

Entre los críticos ya mencionados hay un consenso sobre la poco tradicional representación de lo masculino en el amante de Aída . Sin embargo, pocos han notado, como Teresa Giménez que existe la misma deconstrucción de lo llamado "femenino" en el personaje de Aída misma. Teresa Giménez se refiere al "tercer género" como la opción que se desenvuelve en el personaje de Aída y lo compara con la obra de la pintora Tamara de Lempica inspirada en *La garçonne* como movimiento cultural en la Francia de inicios de siglo XX. De hecho, Aída se acerca al "tercer género" o a una propuesta similar; el modelo andrógino. El narrador describe al cuerpo de Aída de esta manera: "Aída no tiene cintura, y eso da a su cuerpo una extraordinaria armonía: no hay cortes abruptos, no hay entradas ni salidas, sólo una leve inclinación del vientre" (Peri 10). Físicamente Aída no tiene la forma habitual de una mujer con líneas sinuosas pero sí "inclinación en el vientre" que recuerda a la descripción que hace Platón del andrógino en el Simposium como un ser bicefálico, con cuatro extremidades superiores, cuatro inferiores, un par de genitales unidos por una "leve inclinación del vientre". Según Joseph Campbell la visión de la sociedad patriarcal es anti-andrógina ya que rotula y separa en pares opuestos lo femenino/masculino, vida/muerte, verdadero/falso, bien/ mal. Lo andrógino concilia los opuestos de manera que exista un quiebre en las estructuras hegemónicas y se reconfigure la subjetividad de los géneros. El narrador lo percibe de esta manera: "Para amar a Aída, desaprendí el mundo, olvidé la cultura. Soy un hombre incivilizado, alguien que no sabe. He perdido los hábitos, han estallado como deflagrados por una energía destructora" (Peri 59). El amante es un aculturado que ha escapado de la prisión de género y se ha posicionado en un espacio alternativo, pero siente el dolor de ser un "outsider": "Me siento discriminado: soy el negro en tierra de blancos, soy el judío en Alemania, soy la mujer en el bar, soy la mujer en el barco de pesca, soy el indio, el enano, el viejo, el extranjero" (Peri 62).

Aída por otra parte es una mujer tambien aculturada. Es fuerte, independiente, agresiva, dueña de sus deseo, racional. Al único amor al que le es fiel es al de madre.

Aída rompe con el concepto de familia al rechazar tener un padre para su hijo: "Mi hijo no necesita padre – gritó Aida- Ni real, ni simbólico" (Peri 113) Aída vive para su deseo y lo experimenta a través de sus relaciones con sus variados amantes, pero objeta la idea de necesitar un marido o un padre para su hijo. Sin embargo, su amante sueña con casarse con Aída: "Quisiera ser tu marido: comprar para ti coles en el mercado, volver con una gran bolsa de papel llena de lechugas, higos, rábanos, zanahorias y pepinos" (Peri 117).

> "Yo sería tu marido. Un marido atento, solícito, amoroso, enamorado de ti" (Peri 103).

Es obvio el equilibrio roto desde el imaginario social en la relación entre Aída y su amante. El ámbito privado/privaciones se convierte en el público para la mujer dueña de sí misma formando un discurso alternativo/ andrógino.

Entre los muchos símbolos de lo andrógino, la idea de los gemelos de sexo opuesto ha tenido un lugar recurrente en la simbología literaria y mitológica de la cultura. Lo andrógino sustenta la idea del complemento opuesto idéntico que materializa la posibilidad de la perfección humana en dos seres que forman uno. La concepción platónica del ser que se separa en dos partes que están destinadas a ser reunidas ha sido reforzada en los mitos griegos, además de sus impulsos sexuales incestuosos. Incluso la idea central de muchas religiones mantienen la creencia que la pareja humana original fue formada por gemelos de sexo opuesto quienes estaban destinados a ser amantes. Igualmente en *Solitario de amor*, hay un tinte incestuoso en la relación de Aída y su amante. Él expresa su devoción a Aída como su madre: "...he nacido de Aída, soy el hijo virgen" (Peri 65), "Aunque quisieras (y a veces lo deseas), no podrías llevarme contigo a todas partes, enlazados por el cordón de mi sexo como madre e hijo" (Peri 97).Y tiene celos de su hijo porque nunca podrá penetrar en el cuerpo de Aída como él lo ha hecho: "Nunca podré estar en el interior de Aída como él ha estado. Nunca podré formar parte de ella, como él ha formado" (Peri 110). Al mismo tiempo, hace referencias a los momentos de pasión de los amantes como si fueran dos hermanos: "Nos amamos como dos gemelos, como dos siameses inseparablemente unidos por un costado, por un flanco" (Peri 127). "Yazgo con Aída, los dos juntos, de cara al techo, como dos hermanos incestuosos, como dos hermanos bíblicos" (Peri 127). En la cultura judeo-cristiana los primeros seres creados fueron Adán y Eva, los dos como hijos de Dios según el mito. Sin embargo, según el Antiguo Testamento apócrifo, Eva no fue la primera esposa de Adán sino Lilith, la serpiente. Robert Graves afirma que Lilith es el demonio transfigurado encarnado en la serpiente. Lilith se opone a los mandatos "divinos" creando un desbalance en la creación. Dios crea dos seres iguales, siendo uno del sexo femenino y otro del masculino. A diferencia del mito de Eva, ella no nace de una parte del hombre, es por eso que Lilith se rebela cuando rechaza la posición servil que se le otorga: "Adam and Lilith never found peace together; for when he wished to lie with her, she took offence at the recumbent posture he demanded. 'Why must I lie beneath you?' She asked. I also was made from dust, and am therefore your equal'" (Graves 65). Esto es, Lilith se enfrenta y desdeña la "posición" sexual sumisa y pasiva que se le imponía. Por otro lado, según Phyllis Trible, el mito de la creación propone la ambigüedad y evoca la androginia. Trible afirma que Adán mismo aparece como el primer andrógino: "More important, this creature (Adán) is not identified sexually [...] In other words, the earth creature is not the male; it is not "the first man." [...] Instead, the earth creature here is precisely and only the human being, so far sexually indifferentiated, androgynous" (Fernández-Babineaux 337).

El concepto de lo andrógino está también relacionado con lo "Camp" denominado así por Susan Sontag en *Against Interpretation* (1966). Según la escritora y crítica norteamericana lo "camp" se refiere no sólo a la estética kitsch tan popularizada por la cultura pop sino también con lo marginal, en la visión cósmica del mundo: "Camp taste draws on a mostly unacknowledged truth of taste: the most refined form of sexual attractiveness (as well as the most refined form of sexual pleasure) consists in going against the grain of one's sex. What is most beautiful in virile men is something feminine; what is most beautiful in feminine women is something masculine" (34). Esta característica de lo "camp" se trasluce en el *modus operandi* de Aída como ente que se aparta de la performance femenina convencional: "Aída no se desplaza por partes, como otras mujeres: es una entidad única..." (Peri 11) En el narrador también se observa esta disposición: "...te miro desde mi avergonzado macho cabrío y desde mi parte de mujer enamorada de otra mujer" (Peri 12). Además se refiere a las tradiciones para él obsoletas de otro mundo, ajenas a él y pasadas de moda: "Leo diarios viejos [...] algún martes, algún viernes anterior en que un hombre violó a una muchacha, un hombre mató a su mujer..." (Peri 12) El mundo que lo circunda es extraño, violento hacia la mujer. "A los hombres normales que no aman, les produce escándalo la vida del enamorado" (Peri 13).

El espacio en *Solitario de amor* juega un rol preponderante. El amante se refiere al cuerpo de Aída como al territorio que él quiere habitar y por el cual pugna. El cuerpo y la casa de Aída son alegorías de los lugares heterotópicos descritos así por Michael Foucault en "Of Other Spaces" (1967). Para el filósofo francés la heterotopía y utopía juegan un papel opuesto y alternativo a los "lugares reales" que existen en lo social: "These spaces, as it were, which are linked with all the others, however contradict all the other sites" (2). Las referencias a los diferentes espacios que generan y en los que conviven estos dos seres andróginos, Aída y su amante existen simultáneamente con los espacios "reales" de un modo contestatario. El narrador dice sobre un lugar para Aída: "He de construirle una casa nocturna para que la habite en sueños, con paredes desmontables que pueda cambiar de lugar cada vez, que, cansada del espacio (y no del tiempo), Aída, como los arquitectos llenos de sueños, pueda recomponer a la medida de su ánimo. –Nunca saldría de esa casa- dice Aída" (Peri 25).

La androginia como heteropía sexual se construye dentro del espacio que estos dos amantes crean fuera de los parámetros cimentados por el constructo social. El jardín es un rasgo de la heterotopía como recreación del mundo dentro del mundo, ya que contiene una yuxtaposición de espacios aparentemente incompatibles que se conectan en el locus rectangular del jardín.[60] En la casa de Aída la disposición de sus flores en la casa iluminan la idea de un cosmos alterno: "Habría, además, numerosos vasos de cristal para tus flores. Las flores que amas por encima de todas las cosas y que dispones, serena y concentrada, en búcaros azul de Prusia, en vasos de plata altos como tallos…" (Peri 26). Esta recreación del mundo se da en varias esferas: la casa como mundo familiar de Aída donde ella deja entrar a quien elija de amante, el cuerpo de Aída como un submundo personal al que sólo los elegidos tienen acceso, y la performance de Aída y su amante como una representación de lo andrógino como heterotopía sexual. Los espacios simbólicos en los sueños de los amantes ejemplifican el valor también simbólico de la heterotopía como lugar simultáneo del lugar "real", pero del cual ellos no forman parte. Los sueños recurrentes de Aída son con hoteles:

Anoche he vuelto a soñar con un hotel –dice desamparada.

[60] El jardín tradicional de los persas es un lugar sagrado que contiene dentro del rectángulo la representación de las cuatro partes del mundo, las alfombras persas reproducen este énclave de lo sagrado.

Aída sueña con hoteles vacíos, en una ciudad que no conoce, en una calle súbitamente desierta, en un país extraño" (Peri 24). Los hoteles como lugares de paso, de cambio, de fuga, no familiares se oponen a lo familiar o habitual, o las convenciones del *status quo*. Los hoteles son habitados por numerosos individuos que nunca se quedan sino que están en constante movimiento. Como Aída misma no es parte de la tradición, su posición como mujer no es estática, su amante lo entiende así:

"Aída es una mujer sin ombligo todavía: la parida por nadie, la mujer sin madre, la que no tiene nombre[68]..." (Peri 34) y ella también es consciente de su falta de familiaridad con el ambiente: "Sola, como una extranjera amnésica, anestesiada, que ha olvidado la razón de su viaje. Exiliada en un territorio desconocido, del cual ignora la lengua, las costumbres, los vestidos, la tradición" (Peri 24). La concepción y cosmovisión *unheimlich* (no familiar) metaforiza el lugar físico y simbólico del hotel y del barco (sueño recurrente del amante) con esa levedad (en el sentido Kunderiano y en el sentido estricto) del sistema de relaciones que los aísla de su mundo exterior. El amante sueña con un barco: "Yo, que sueño vertiginosos barcos que conducen a alguna parte, amada y odiada al mismo tiempo" (Peri 27). El bote como un pedazo de espacio flotante, no sólo es el lugar sin lugar cuya existencia sólo es posible por el bote mismo, sino el lugar cerrado que se encuentra en el medio de un infinito (el mundo/el mar). Foucault confirma la idea del bote como la heterotopía por antonomasia: "The ship is the heterotopia par excellence. In civilizations without boats, dreams dry up, espionaje takes the place of adventure, and the police takes the place of pirates" (23). El amante se encuentra en un espacio insular, despegado a la deriva como el barco, que es tema de sus sueños. Como él, el amante no tiene noción de tiempo ni espacio, el barco es conducido sin rumbo fijo: "No son barcos fantasmas: más bien creo que desplazan a viajeros fantasmales, que han perdido el sentido del tiempo y del espacio" (Peri 27). La idea del espacio en el horizonte sin lazos ni vínculos es patente en la novela, ya que ocupan un espacio que no es visible en lo social/cultural.

Solitario de amor deconstruye y transgrede la norma genérica, planteando sujetos aculturados y desasidos de las convenciones sociales.

Los protagonistas forman un nuevo espacio textual y genérico heterotópico andrógino como alternativa a la prisión del rótulo que denomina lo "femenino" y lo "masculino" como dos entidades fijas e inmutables. El texto quiebra la norma de géneros y las recrea (deconstruye) erosionando lo cultural y abriendo discursos alternativos a lo que la convención prescribe como géneros.

Capítulo IX

Distopía en la literatura infantil y juvenil de Carmen Boullosa

Nacida en México, novelista, poeta, ensayista, dramaturga y crítica literaria, Carmen Boullosa es una de las escritoras más prolíficas de Latinoamérica. Pupila y colega de Juan Rulfo, sus novelas han sido traducidas a varios idiomas y estudiadas profusamente. Su obra infantil y juvenil, sin embargo, no ha sido apenas analizada y ha quedado prácticamente al margen de la crítica. El artículo de Elizabeth Hernández Alvídez sobre la representación de la infancia y los elementos góticos en la obra de Boullosa es uno de los muy escasos estudios que toca tangencialmente el tema de lo infantil en la obra de la renombrada escritora mexicana.

Gran parte de su obra está situada en un momento histórico específico: Moctezuma, Cleopatra, los hermanos Costa, Cervantes, Velázquez, y más recientemente la historia de Texas, han servido como eje temático en su obra. También su obra es metaliteraria como en su novela más reciente *Historia de Ana* (2016) donde imagina la novela que escribe la protagonista de la famosa obra de Leon Tolstoi, *Ana Karenina* (1877). Dentro de estos enfoques, Boullosa explora sujetos que articulan la heterogeneidad cultural y la pluralidad, que retan a las categorías hegemónicas de género, raza y cultura en general, desestabilizando el orden social.

La obra infantil de Boullosa consta de su libro de cuentos "Sólo para muchachos" (1997) y el cuento "La Midas" (1986). En su obra para la audiencia infantil y adolescente, Boullosa también revisita estas preocupaciones ya que ésta contiene elementos intertextuales, que dialogan claramente con la literatura distópica tanto fundacional como contemporánea. Su libro de cuentos toca temas que representan la condición humana y sus actuales retos. "Sólo para muchachos" consta de tres cuentos: "El soplamocos", "El niñófago" y "El pequeño pirata sin rabia". Este ensayo analiza el elemento distópico en común en estas obras y cómo se paralela con obras de la literatura global de este género.

En "El niñófago", el cuento narra la historia de una criatura nacida producto de la "tradición popular" (28). No se establece el origen particular ni ninguna sociedad específica, sino más bien, se sugiere que es un ser universal. Este ente tiene una particularidad, se alimenta exclusivamente de niños, es además "bisexual y solitario", de tamaño diminuto y toda vez que un niñófago muere "da a luz" al siguiente niñófago; es decir, cuando éste va a morir nace su sucesor. Paradójicamente, y a pesar de su nombre, el narrador cuenta que la subsistencia y no la desaparición de los niños se le debe a él.

Un narrador heterodiegético omnisciente relata una época remota del "Demoscopisco" (32), nombre de esta era ficcional donde habita el niñófago. En este mundo pasado del Demoscopisco, los gobernantes de todo el planeta acuerdan que se debe de evitar por decreto la dolorosa etapa de la infancia en pos de una sociedad más pacífica y sin el molesto periodo de la niñez. Para esto, acuerdan eliminar esta fase usando el siguiente método: las madres gestantes deberán ingerir una sustancia líquida, la cual provocará que al nacer, los bebés, crezcan rápidamente y que en cuestión de semanas alcancen la adultez. Esta sustancia química es un descubrimiento de la ciencia moderna para el "avance de la humanidad" y en pos de un mundo ideal y sin los problemas que ocasionan la crianza y el desarrollo de un ser humano en los primeros años de vida. Este mundo del "Demoscopisco" es paralelo a otros lugares ficcionales donde la humanidad ha avanzado científicamente y creado nuevas formas de "mejorar" las condiciones de vida de la población. Estos lugares representados en la literatura como sitios utópicos se convierten en distopía al encontrar que el mundo "ideal" es en realidad un sitio infernal.

La literatura infantil y adolescente en general se percibe como literatura de contenido utópico que ofrece a los lectores jóvenes un mundo ideal. No obstante gran parte de la literatura para la audiencia infantil y juvenil contemporánea más bien ofrece mundos alternativos aterradores e infernales como respuesta a la influencia de la tecnología y su impacto en lo social, ambiental y humano. Por otro lado, el hecho de plantear el aspecto moral de estos avances es otro punto relevante en la literatura juvenil actual. Es así que el término "distopía" es frecuentemente relacionado con la descripción de una sociedad en el futuro. Algunas de las obras canónicas de la literatura distópica mundial *1984* (1949), *Fahrenheit 451* (1951), *Brave New World* (1932), *We* (1988), entre otras, representan sociedades ficcionales en el futuro cuyas reglas gubernamentales buscan la sociedad ideal por medio de la imposición y desindividualización del sujeto y su circunscripción a la esfera de lo automático. (Fernández-Babineaux 2). Sin embargo, William Golding indica que la definición del término distopía no implica necesariamente una relación con el futuro. En *A Moving Target* (1982), Golding afirma que las distopías ofrecen la visión de una realidad social que describe un lugar miserable, permeado de privaciones o el opuesto de la utopía. Según Golding la distopía está fundamentada en un clima de "social darkness, of misery, deprivation at every level" (173). Por otro lado, Baudrillard expresa que la diferencia de base entre utopía y distopía radica en que esta última se moldea en torno al concepto de alteridad pero no exclusivamente en el futuro. La distopía, según él, se desarrolla a partir del esfuerzo por reducir ese "otro", que es diferente a mí. Para Hinz y Ostry, que estudian la distopía en la literatura infantil y juvenil, las distopías son descripciones precisas de sociedades en las que los ideales de mejorar la calidad de vida para el "bien colectivo" han dado resultados catastróficos.

En "El niñófago" el tono es menos sombrío que en las distopías representadas en la literatura juvenil actual mundial. En la popular obra en tres series de Collins *The Hunger Games* (2010), también adaptada al cine, en un mundo futurístico separado en comunidades, los adolescentes y niños de cada comunidad deben pelear entre sí hasta la muerte. En la serie de James Dashner *The Maze Runner* (2009), recientemente adaptada al cine, se describen las consecuencias fatales de la desaparición del sol en un mundo futuro. En "El niñófago", igualmente, Boullosa aborda el tema de los avances científicos y sus peligros para la humanidad. En este caso, "la desaparición de la niñez" toma un cariz metafórico ya que debido a múltiples factores incluyendo los avances tecnológicos los niños del milenio están expuestos a temas para adultos desde muy temprana edad. De este modo, "el niñófago" denuncia el fin de la infancia debido al fácil acceso y el acelerado avance de la tecnología, entre otros factores, que acortan la niñez vertiginosamente. El acceso automático e inmediato a diverso tipo de información promueve el también acelerado cambio de niño a adulto.

En "El niñófago", Demoscopisco es el nombre de esta época remota. En las distopías, como se sabe, los nombres son emblemáticos. Por ejemplo en una de las obras de la literatura distópica mundial, de Aldous Huxley, *Brave New World* (1932), el nombre del lugar donde habitan "los salvajes" que aún se reproducen de manera "natural" es *Malpais*. La isla voladora donde los habitantes están completamente desconectados de la realidad preocupados de la astronomía y especialmente de la desaparición del sol, se llama *Laputa* en *Los viajes de Gulliver* (1726) de Swift; En *Robinson Crusoe* (1719) de Defoe, *Libertalia* es una colonia anarquista fundada en Madagascar en el siglo XVII. En esta isla, todos los habitantes son tratados igualitariamente, y su idioma es un *creole* de cuatro lenguas donde ninguna predomina. Los pobladores de Libertalia se hacen llamar "enemigos de la esclavitud". *El dorado* es el nombre de un lugar de igualdad y ciencia avanzada, donde se vive libre de envidia, pretensión, religión y sufrimiento en la obra de Voltaire, *Cándido* (1759). En su mayoría, los nombres de los lugares paradigmáticos en la literatura utópica y distópica poseen la carga de ironía implícita en la crítica que generan. En el caso de"El niñófago", Demoscopisco proviene de demoscopia, o el estudio mediante encuestas de las opiniones, gustos y comportamientos de un grupo humano. El nombre del pueblo denota la voz o entendimiento del pueblo que se une para instaurar una ley que elimine la infancia. Es decir, en el nombre encierra también el elemento irónico que subvierte la idea tradicional de proteger a la niñez para el bien social. En este caso, por el contrario, se quiere eliminar la etapa de la niñez *para el bien social*. Del mismo modo en los films de DeMonaco, *The Purge* (2013, 2014), el Gobierno declara un día al año donde todo se permite y no hay garantías de ningún tipo. De esta manera, se legaliza el crimen para el "bien social" y el aniquilamiento de aquellos que no cuentan con los medios económicos para protegerse.

El tema de la sociedad ideal conjuntamente con la desaparición/prohibición de todo aspecto perceptible como negativo es constante en las distopías. En la obra del escritor inglés de origen japonés Ishiburo,

Never Let Me Go (2006), también adaptada al cine, se trata el tema de la mejora de la humanidad y la eliminación de las enfermedades a través de individuos clonados, criados y mantenidos aparte de la sociedad para ser donantes forzosos de órganos. La obra transcurre en la Inglaterra de la última década del siglo XX. Trata el dilema moral entre la protección de la humanidad de las enfermedades letales por medio de los trasplantes de órganos. La novela describe cómo se clonan humanos de los individuos provenientes de las capas sociales más bajas (criminales, prostitutas, mendigos) los cuales son criados en un internado al más propio estilo victoriano británico. A los 18 años, estos adolescentes entran en la etapa de extracción de órganos según las necesidades de trasplantes. Llegan a donar en un máximo de 3 ocasiones hasta que mueren, consecuentemente, antes de cumplir los 30 años. En la novela se explica que con el tiempo, los internados se convierten en simples granjas humanas. La metáfora de las clases desfavorecidas explotadas por el bien del común de la sociedad se dibuja aquí a través del sistema sanitario. La edad de 30 años se marca aquí al igual que en la película que versiona otra distopía clásica como es *Logan's Run* (1967), coescrita por William F. Nolan y George Clayton Johnson. El tema de los clones en la cultura popular se ha difundido hoy en día por la muy afamada serie canadiense "Orphan Black" (2013-2017) que representa una sociedad habitada por clones y los problemas éticos que se enfrentan.[61]

Al mismo tiempo, en "El niñófago" también se busca una sociedad ideal donde la niñez al ser eliminada resultará en una sociedad libre de las molestias y estragos de los niños. En este sentido, "El niñófago" dialoga con la novela distópica moderna escrita por Louis Lowry,"The Giver" (2002). Esta novela se sitúa en una sociedad "ideal" y utópica donde el Gobierno trata de crear una sociedad feliz y paradisíaca.

Por un lado, en "El niñófago" mediante un procedimiento químico, los líderes logran hacer una elipsis en el periodo de la infancia a la adultez,

[61] Agradezco a Ana Paula Quiroz y a Luca Babineaux, jóvenes lectores, cuyo diálogo con la autora contribuyó al desarrollo de este capítulo.

para evitar a los molestos niños: "el hombre sería similar a otras especies en las que los vástagos desde que nacen son autosuficientes y no requieren de cuidados especiales para enseñarse a vivir" (33). El fin de la infancia es la propuesta de los líderes de Demoscopisco. Igualmente, en *The Giver*, también adaptada al cine, se representa la sociedad en "The Community" donde se promueve la idea de "sameness" (igualdad) controlando todos los aspectos de la vida de cada uno de los sujetos. Los bebés que lloran o que son más pequeños o débiles al nacer son eliminados o como lo llaman en "The Community" eufemísticamente "released". El protagonista Jonas, el elegido "Giver" ve cómo su padre, quien tiene un cargo en el Gobierno como "nurturer", encargado de los niños, es en realidad un asesino institucional. En "El niñófago" la representación de la distopía es menos sangrienta y brutal y más bien adopta un tono sarcástico y jocoso al referirse a los gobernantes como "bobos y panzones". La moción de regular el paso de la niñez a la adultez sin transición es frustrada por el niñófago, el héroe de la historia. Aprovechando su diminuto tamaño y contando con la poca inteligencia de los líderes, el niñófago influye en la votación de la ley para hacer desaparecer la infancia en la junta de los líderes del mundo. Al estar todos de acuerdo y no presentarse ninguna oposición, los gobernantes de todas las naciones se descuidan al punto que todos votan lo contrario a su intención. La parodia a los líderes es también un punto en común con las distopías en la literatura juvenil y la literatura distópica en general. En *The Giver* los gobernantes han seleccionado un solo individuo para preservar la memoria del mundo. Este único individuo, que es "The Giver" carga con la historia de la violenta humanidad, mientras el resto de la sociedad no la conoce y vive ignorante de ello, y por consiguiente, feliz al no saber el lado oscuro de la historia. El Gobierno utiliza este sistema de borrado de memoria para preservar la "igualdad" de pensamiento y evitar los problemas que ocasionan el saber. El saber en sentido doble, como conocimiento y como información. La representación de los gobernantes como inmorales o incapaces se observa también en las distopías canónicas. En *1984* (1949) de Orwell, los jefes del gobierno en Oceania contradicen su propuesta de forjar una sociedad perfecta. Por ejemplo, el Ministro de Paz se dedica a promover la guerra, El Ministro de amor a la tortura y al lavado de cerebro, el Ministro de Plenitud se dedica a economizar de tal modo que los habitantes pasan hambre debido al racionamiento, el Ministro de la verdad se dedica a la propaganda y al proselitismo. Otro ejemplo proviene de *Los viajes de Gulliver*, entre los variados mundos que encuentra Gulliver está en *Glubgudribb* y *Laputa*, en el primero los "sabios" nunca aciertan con responder a preguntas simples y en la segunda, los "sabios" deben de ser despertados por sus sirvientes con una vara cada vez que alguien les pregunta algo, aunque sea simple.

En el segundo cuento del libro, "El pequeño pirata sin rabia" el protagonista tiene múltiples nombres: "Juan, Juan el Colombino, Juancho el Cruel" (9). Juan, es el líder del grupo de piratas que salen a la mar en busca de tesoros y encuentra en una playa a una mujer gigantesca, sin nombre, que le informa a Juan sobre su lugar de origen, la isla de "Todoscontós". Gracias a la información dada por la enorme mujer, Juan, elabora mapas para encontrar el botín en la isla. Ella le cuenta sobre la isla y llora al recordar que en su isla la música está prohibida tal como se prohíbe en la mayoría de las religiones, como el Islam y algunos credos cristianos, ya que se cree que lleva a actos impuros, violentos, sexo y drogas. En el Hadith Qudsi se lee: "The Prophet said that Allah commanded him to destroy all the musical instruments, idols, crosses and all the trappings of ignorance" (34). La prohibición, entre otros motivos, es también debido a la interpretación del silencio en la Biblia. Otra particularidad de Todoscontós es que las ratas son domesticadas y sirven los manjares en la mesa. "Todas las ratas usan vestidos de seda y portan zapatitos de tacón" (17). De este modo se invierte la concepción de los roedores como seres asquerosos y se les sitúa directamente en contacto con la comida. En la película *Ratatouille*, (2007) del mismo modo, el héroe de la historia es una rata-chef que se resiste al destino de ser una rata común. Su sueño es ser el mejor chef de Francia. Este film reflexiona sobre la libertad individual y parodia, usando de protagonista a una rata, el derecho de salir de un patrón preestablecido socialmente. Este mismo comentario a la ruptura de estereotipos y claúsulas pactadas por el entorno se observa en *Ernst and Celestine* (2014), la versión fílmica de la famosa serie de cuentos francesa para niños. Celestine es una ratona adolescente que no se contenta con el destino de recoger los dientes de leche, como parte de su entrenamiento, para luego ser dentista. Celestine prefiere la pintura. Ernst, por su lado, es un oso, el supuesto archienemigo de los ratones. No obstante, Ernst es músico y también se aparta de lo que se espera de él. Ambos, Ernst y Celestine se complementan y son los mejores amigos contradiciendo el mito de odio natural entre estas diferentes especies, según la historia.

Otro aspecto fundamental de las distopías es la retención o borrado de la memoria. Generalmente la memoria histórica o la memoria bibliográfica, como se observa en *Farenheit 451*, de Ray Bradbury donde se prohíben los libros para eliminar la memoria. En "El pequeño pirata sin rabia", Juan al llegar a Todoscontós toda la tripulación cae en un profundo sueño y al despertar no recuerda nada y pierde la rabia y violencia inherente en su condición de pirata. El tamaño diminuto del protagonista dialoga con el primer viaje de Gulliver su naufragio y llegada a la isla Liliput. Al igual que Gulliver y a pesar de su tamaño, "el niñófago" logra tener poder en la isla al lograr que todos los gobernantes voten en contra de su propia voluntad.

El último cuento del libro *Sólo para muchachos* es "El Soplamocos". El protagonista es un niño que tiene la in/habilidad de causar profusión de mucosidad a cualquiera que lo mire. Es el niño que todos rechazan, incluso su madre. Este cuento repite la actual tendencia de la literatura infantil y juvenil de representar niños o adolescentes con discapacidades físicas. Un ejemplo de ello es la novela superventas *Wonder* (2012) de R.J. Palacio. En ella se relata la vida y experiencias en la escuela del protagonista, Augustus, un adolescente de rostro deformado. Las recientes teorías de *Disability Studies* enfatizan y ponen de relieve la representación del mundo de los individuos con defectos físicos, en general utilizando protagonistas que sufren de algún tipo de dolencia, enfermedad o discapacidad. Teóricos como Christina Sleeter examinan la dinámica entre individuo y sociedad en relación a las inhabilidades de ambos. Para Sleeter, la sociedad actual *es* el ente incapacitado ya que es el cuerpo incompetente, que sitúa a todos los sujetos de una comunidad en forma igualitaria teniendo las mismas expectativas y demandas para todos. En este sentido, la noción de individuo con inhabilidades físicas es inadecuado, pero reproducido socialmente por el ambiente y entorno.

En la historia de "El soplamocos", el protagonista es un niño aislado por la comunidad debido a su defecto físico. Con un tono cómico, Boullosa representa al niño que no se ajusta a la "norma" y que produce rechazo y repudio. Solo y desamparado "el soplamocos" huye de casa para encontrarse en medio del campo de batalla. Su ciudad ha sido sitiada y el agresor se dispone a disparar y destruir la ciudad. El soplamocos se acerca a los soldados causando estragos en ellos, debido a su inusual característica de producir mucosidad abundante. Al final el soplamocos se convierte en el héroe de la historia y es recibido con honores en su ciudad al salvarla del ataque.

En "La Midas" la narradora es una mosca, como en tantas obras dedicadas a la infancia o en novelas como *White Fang* (1906) de Jack London o *Firmin* (2006) de Sam Savage. La narradora cuenta la historia de una recién llegada mosca a la comunidad, de nombre "La Midas". En el relato, la original perspectiva de la mosca conduce al lector a observar las actividades propias del insecto. Entre otras referencias a la raza humana, la narradora llama a los niños "poco inteligentes. Más bien bastante tontos" (15), ya que encuentran desagradable, al manjar más exquisito que una mosca puede encontrar: los excrementos. Ella refiere: "...el hecho de que sea habitual entre ellos el dicho de 'sabe a caca' cuando quieren dar a entender que algo sabe muy mal [...] siendo que, como sabemos todos los seres inteligentes, la caca es un alimento exquisito (16).

En la tradición literaria infantil/adolescente, el animal narrador/protagonista busca la identificación del lector con el sufrimiento/comportamiento/vicisitudes del mismo. De este modo según, Monica Flegel, se insta el sentido humanitario en el niño adolescente (121). En la literatura del siglo XXI, esta idea se amplía a mostrar el mundo animal como una alegoría del mundo humano. El cuento de Boullosa, "La Midas" parodia los códigos de comportamiento humano. Por ejemplo, en la comunidad de moscas, las "alas" son un valor preciado y carácterístico de belleza física. Al igual que los humanos poseen arquetipos o estándares estéticos, del mismo modo, las moscas gastan mucho dinero para mejorar "los defectos en las alas de los hijos" (27). La Midas por su parte, tiene las alas doradas, lo cual la convierte en el máximo exponente de belleza y el foco de envidia y admiración de todas las moscas. De pronto, no obstante, las alas de la Midas empiezan a crecer de forma vertiginosa y desmesurada causando un cambio de actitud en la comunidad de moscas. La admiración hacia ella se convierte en desdén y desprecio. En lugar de sentir piedad por la cada vez más pesada carga de la Midas, las moscas contribuyen a su dolor y pasan de la admiración al escarnio de la mosca de alas doradas y enormes. En esta sección, se emula a la característica humana de *schadenfreude* o el placer que se siente frente a la desgracia de otro. Más aún en este caso, donde la más envidiada de las moscas entra en desgracia. Nadie ayuda a Midas en su tragedia. Finalmente, el cuerpo de la más bella mosca cede al peso de las inmensas alas y muere debajo de éstas.

En el cuento, las alas doradas son símbolos ambivalentes. Al igual que en la novela distópica de William Golding, *The Lord of the Flies*, (1962) la cabeza de cerdo, para el grupo de niños, representa el poder que corrompe; en "La Midas", las alas doradas son al inicio el emblema de poder, pero terminan corrompiendo a la comunidad de moscas y matando a La Midas. Las alas que por antonomasia llevan a la idea de libertad se convierten en lo contrario, una prisión. Especialmente porque nadie ayuda a La Midas representando la triste y común característica humana de *schadenfreude* trasladada a la comunidad de moscas.

Los cuatro cuentos para la audiencia infantil/adolescente de Carmen Boullosa se insertan en el género de la literatura distópica canónica y contemporánea al cuestionar aspectos sociales/humanos en el ámbito moderno. El intertexto de su obra infantil/adolescente invita a una especulación sobre la deshumanización, intolerancia y sed de poder en el mundo actual o dicho de otro modo, la insistencia humana de crear sus propios infiernos.

Capítulo X

El placer como espacio de subversión en *El gato eficaz* de Luisa Valenzuela

En 1972 Luisa Valenzuela sale de la Argentina junto con un grupo de intelectuales quienes desde el destierro, intentan continuar su obra literaria. *El gato eficaz* (1972) forma parte de su producción escrita durante su exilio en México en estos años. Nacida en Buenos Aires en 1938 es una de las escritoras argentinas feministas más destacadas y de Hispanoamérica. Según la crítica, los textos de la escritora argentina se han caracterizado por ahondar en sus "demonios preferidos": la mujer, el poder, la palabra y el deseo. Su copiosa obra ha sido traducida a varios idiomas y ha merecido la atención de los críticos y entendidos en el campo literario. Ellos en su mayoría concuerdan, en que la obra de Valenzuela propone la literatura como instrumento de protesta.

Valenzuela está relacionada con los escritores del Posboom latinoamericano, aunque su primera obra fue publicada en los sesentas y no fue sino hasta la década de los noventas que la crítica empezó a prestar un tratamiento considerable a su obra. Más de una veintena de cuentos y novelas han sido publicados desde 1966, fecha en la que la escritora publicara su primera novela: *Hay que_sonreir* (1966). Su obra se ha transformado a través del tiempo con respecto a las representaciones de la mujer. Esta progresión empieza con el tema de la mujer víctima y su imposibilidad de escapar de los cánones sociales, hasta un texto como *El gato eficaz* (1972). En otras de sus novelas, Valenzuela plantea una salida, desde la ficción, a una evolución, reconstrucción de la subjetividad femenina. Su más reciente novela *La máscara sarda, el profundo secreto de Perón* (2012) profundiza sobre el supuesto origen cerdeño del tres veces presidente de la Argentina Juan Domingo Perón.

"Subversiva" es muchas veces catalogada la escritura de Luisa Valenzuela. Esto denota la característica más sobresaliente de su obra. En la Argentina de los setentas y ochentas lo "subversivo" adquirió una carga letal. El hecho de ser acusado de "subversivo" constituía el peligro de desaparecer en uno de los múltiples ataques que se perpetraban en nombre de la estabilidad del gobierno militar. Del mismo modo, un texto como *El gato* apela también a romper con la estabilidad mediante la subversión de códigos tradicionales de escritura y de modelos construidos socialmente. En *El gato* hay una transformación progresiva del sujeto oprimido al sujeto que clama por una reconstitución de subjetividades.

Respecto a la crítica de la obra, Sharon Magnarelli en *Reflections and Refractions* (1991), opina que *El gato eficaz* constituye, como novela, un autodescubrimiento y reconocimiento sobre la mujer: "In this one short, poetic novel, Valenzuela has told us more about women as women and more about women's intricate relationship to the discourse, we so casually take for granted than we would have believed possible" (65). Gwendolyn Díaz dice que en *El gato*, hay una articulación del pecado como saber: "En *El gato eficaz* se esboza el deseo erótico como si fuera un felino lujurioso que sabe que el pecado también se llama sabiduría." (10) Nelly Martínez afirma que *El gato* es un discurso marginal que se ubica desde esa periferia para convocar la exploración y desestabilizar al "verbo establecido" (84). Ksenija Bilbija, estudiosa de la obra de Valenzuela, se refiere así en *Yo soy trampa: Ensayos sobre la obra de Luisa Valenzuela* (2003):

> Luisa Valenzuela no ofrece una solución al lector, no cierra su construcción narrativa. La estructura abierta de su libro, el énfasis en la imposibilidad de la producción de un significado último y estable permiten la participación activa de los lectores, dejándolos que construyan un texto nuevo e independiente, dándoles la oportunidad de dialogar con la red narrativa y con sus propias historias. (12)

Linda Craig enfatiza a su vez, que *El gato* es un texto que no tiene elementos estables y que trata de abolir cualquier posible identidad que sea fija: " Any possibility of a fixed identity is constantly undermined, indeed she talks of "nosotros los que somos amorfos"(94) "(153). La crítica en general coincide en que la obra de Luisa Valenzuela, *El gato eficaz*, es un texto que denuncia los esquemas establecidos mediante una escritura a veces surrealista, múltiple y que propone una desestabilización de las marcas sexuales y culturales. El feminismo de Valenzuela, se encuentra enmarcado en la definición que hizo Jean Franco del feminismo en Debate Feminista: "no es una teoría ni un movimiento social", Franco sustenta que el feminismo adquiere formas de acuerdo a la cultura, política y economía que opera en cada zona geográfica. Según ella, se debería de describir como un conjunto de objetivos, una postura que tiene la voluntad de desestabilizar "las estructuras opresivas". (44)

El análisis en este capítulo introduce una interpretación de *El gato* desde no sólo como sitio de protesta, sino una re-evaluación y reconstitución de las subjetividades a través de su evolución en la narrativa.

Análisis de la obra

Ofrecer un resumen de *El gato eficaz* no es tarea simple. La obra no tiene trama central en términos convencionales, en su lugar presenta una serie de situaciones que parecen separadas una de la otra. La presencia y representación de la mujer se hace clara, según la crítica, ya que muestra una serie de casos donde dramatiza la posición de la mujer en la sociedad. Magnarelli dice: "At every turn the novelist questions and analyzes the novelistic form and the feminine role, both of which are the products of multiple myths that the author examines, demythologizes, and finally undermines" (66).

En *S/Z* (1970), Roland Barthes propone una nueva forma estructural de novela en la que distingue entre los textos leíbles (*lisible*) de los escriturales (*scriptible*). Barthes afirma que en los segundos, la escritura se convierte en un proceso, no tiene un comienzo ni un final, sino que la producción de su significado es el proceso en sí mismo; un proceso que no puede ser estabilizado, ni terminado, ya que lleva continuamente hacia otros significados. Con estas ideas, Barthes parece elaborar una justificación teórica para definir el modelo de textos como *El gato eficaz*. En *El gato* el eje temático se va produciendo mientras es leído y transformándose según el "horizonte de expectativa" del lector. El texto invita al lector a que lo ayude a descifrar el enigma, o, como ella los llama, las reglas de este juego: "que el lector descubra las claves de este juego y alínee las piezas—

blancas perrovidas, negras gatomuertes—y retome los ciclos" (Valenzuela 119).

A partir de la mención a los "gatos de la muerte" se promueve la apertura de un tipo de mujer que rompa con los parámetros de género que el discurso hegemónico produce y reproduce. La autora en varias entrevistas y ensayos ha señalado la necesidad de que el texto posea una cualidad heterogénea: "...sé que toda novela que no se abra a la ambigüedad, a la transformación, no me interesa." (Burgos 120). Es por eso que Jorgelina Corbatta dice sobre la escritura de Valenzuela:

> La palabra como la máscara que encubre y descubre. Y en el caso de la escritura femenina, la censura política y personal se conjuga con ciertos tabúes de lo que está permitido a la mujer decir, Valenzuela reitera la necesidad de una actitud abierta, flexible y relativista. (108).

Como se observa, el texto de Valenzuela opera por variación, expansión como un ente rizomático, donde el rizoma pertenece a un mapa o espacio delineado que debe ser producido y construido, pero que también puede ser desmontado, conectado, revertido y modificado. *El gato eficaz* como entidad/texto heterogénea se asemeja a la definición de rizoma deleuziana, ya que tiene multiples entradas y salidas, está "descentrado", no obedece a ninguna jerarquía estructural, ni a ningún sistema significativo. La temática de *El gato* está definida sólo por una circulación de estados: devenires de animal, mujer, etc... En la obra se desenvuelve una evolución similar a la mostrada en *Le quattro volte* (2012) de Michelangelo Frammartino. En el film se desarrolla un ciclo vital que involucra los materiales orgánicos pasando por el carbón (o la combustión y destrucción de las materias orgánicas), hasta los vegetales, animales y el hombre. La diferencia en *El gato* es que este curso transformativo es un devenir y un serse activo y renovado.

El gato no sólo tiene una estructura rizomática sino que es un libro-rizoma según la definición de Deleuze. *El gato* no tiene objeto ni sujeto ya que su composición está formada de relaciones exteriores. En otras palabras, *El gato* es el rizoma que sólo existe con su afuera y desde afuera, como una pequeña máquina que debe ser conectada a otra para que funcione, tiene que conectarse a la máquina lector o a otras obras (máquinas) artísticas, corporales, sensoriales, etc...para que se produzca el significado. Nelly Martínez coincide al hablar sobre la estructura de *El gato*:

> Discurso del sinsentido, de los juegos interminables de palabras, de silencios o interrupciones que, preñados de posibilidades, multiplican el infinito las posibilidades de significación, la novela produce significados pero sólo para disolverlos y volver a producirlos. (82)

En *El gato eficaz*, los protagonistas principales no son seres humanos sino miembros de la fauna felina y canina. Las imágenes de perros y gatos aparecen exageradas y distorsionadas. No hay un tema específico, sino que los apartados son una mixtura de fragmentos, a veces surrealistas. La primera imagen obvia está concentrada en el sujeto desintegrado sexualmente, como un "sujeto en proceso" metaforizado en un ser poco "evolucionado" de la fauna humana, dos animales domésticos: el gato y el perro. El ser humano tiene en común la calidad de domesticado por el mismo hombre y sus leyes visibles e invisibles. Como en la novela *A Boy and his Dog* (1969) o *Pudor* (2005) de Santiago Roncagliolo ambos animales son centrales de la narrativa. *En A Boy and his Dog,* Blood es el nombre del perro que acompaña al protagonista Vic en un mundo del año 2024 devastado por la guerra nuclear. Blood ayuda a Vic a encontrar la próxima víctima a quien violar. En este mundo altamente misógino llamado Topeka, se usa a las mujeres como carnada para atraer a los hombres y extraerles el semen que engendrarán a los próximos habitantes. Por otro lado, en *Pudor* de Santiago Roncagliolo, el gato es el centro de la narrativa y testigo de las vicisitudes del núcleo familiar. El gato (sin nombre) se mimetiza con la soledad de los personajes y su ansia de contacto. Irónicamente es el gato el único que une a todos los miembros de la familia que se encuentran aislados uno del otro aunque conviven en el mismo espacio familiar. Un punto en común con la situación entre las relaciones humanas. La muerte y los fantasmas que la circundan son también protagonistas en

Pudor escenificando la relación estrecha entre el estado actual automático y zombiesco y la muerte inminente como una opción de vida.

De este mismo modo, en el capítulo primero "Primera visión felina", Valenzuela utiliza la imagen de la muerte como posible desintegración social de un sujeto marginal. La muerte como eje central se encuentra disgregada en el texto y al mismo tiempo que se presenta al sujeto que no encuentra un lugar dentro del espacio social asignado. La violencia contenida en el espacio textual, descubre el intento de la absorción social del otro (gato de la muerte) como el individuo contemporáneo en un estado de "strangeness" (extranjerización, foraneidad), que se encuentra descentrado y aparece como producto de una carencia. El individuo foráneo lucha contra la inevitable e ineludible marca social: "El gato de la muerte le teme a los testículos, los buenos testículos cargados: talismanes de vida." (Valenzuela 8). La referencia a los "testículos" como los "testigos", o la sociedad apunta a la característica virtual de la realidad a la que "el gato de la muerte" quiere escapar. El sujeto des-centrado o extranjero apela a su invisibilidad:

> Dudo que se me pueda ver de noche: soy color de las tinieblas. Pero sé caminar entre vientos esquivando los pelos de los gatos, sé ver brillar el cuchillo cuando brilla y hasta sé ahogar el grito si algún desaforado me aprieta la garganta. (Valenzuela 8)

En esta sección, la violencia es utilizada como el único medio de tener contacto, y al mismo tiempo apartarse de la realidad de su extranjerización, como sujeto dentro de la virtualidad genérica. Alain Badiou llama "la pasión por lo real" (65) a la necesidad del sujeto contemporáneo y su intento, por conectarse con la realidad a través de la experiencia destructiva. Según Badiou, éste constituye el único medio de enlace entre la realidad no virtual y el sujeto. Esta afirmación podría ser un equivalente a lo dicho por Baudillard en *Impossible Exchange* (2001) sobre el mundo. Para Baudillard, no existe representatividad ni representaciones y es por eso que la realidad es en sí una "impostora": "There is no equivalent of the world. That might even be said to be its definition – or lack of it. No equivalent, no double, no representation, no mirror" (3). De esta misma manera, la mujer está representada dentro de un imaginario cultural que forma una imagen "impuesta" del sujeto femenino. Nelly Richard en *Masculino – Femenino* (1993) habla de cómo la sociedad impone a través de imágenes o palabras "sistemas de signos o mensajes que se transmiten socialmente" (11). Richard afirma que la ideología cultural es la construye una fábula exitosa que confirma un simulacro, dando validez a estos imaginarios con voz propia orquestada por los discursos sociales.

En "Primera visión felina" el sujeto busca una experiencia auténtica que lo ubique en el mundo irreal, en el mundo virtual en donde se encuentra rodeado de un universo de convenciones artificiales y ficticias, de las que habla Baudillard y Richard. Las "ráfagas" forman parte de esa realidad virtual: "Las paredes de piedra son más rugosas de madrugada, pasan ráfagas que no son de este mundo. Hay que acechar a los asesinos en zaguanes para que la descubran a una" (Valenzuela 7). La violencia actúa como mediadora entre el sujeto y su realidad, además de desvelar la existencia del sujeto mujer, que busca situarse en un lugar abierto y contingencial que le permita rehacerse. Al igual que el fenómeno de los sujetos cortados,[62] el sujeto femenino busca difundirse a través del dolor para demostrar su existencia y no lugar en el espacio textual/sexual: "Era un inmerecedor de gatos y él dejó que lo sorbiera sin acordarse de ella, sin imponerle el nombre de ella como una nueva cruz. Dejó que lo sorbiera y quedó indefenso..."(Valenzuela 8).

Respecto al tema sexual, Valenzuela analiza el poder del sujeto mujer mediante el placer. Cuestiona de este modo la presencia o ausencia de placer en la formación de su subjetividad. La *jouissance* (placer) lacaniana actúa como elemento que otorga la movilidad para quebrar el orden simbólico (social según Lacan). El placer se torna un punto pivotal en ciertos apartados del texto, como instancia final de liberación y desarme. En el siguiente apartado, *El gato* inicia un desarme y visibilización de signos

[62] Popular en los Estados Unidos, especialmente en Nueva York en los años noventa. Miles de personas se cortaban el cuerpo para constatar que estaban vivos y no eran sólo parte de un mundo virtual.

ocultos, como estrategias de resistencia en contra de los, por ejemplo, sedimentos religiosos, al hacer referencia al peso de una "cruz" simbólica: "Cama. No es lugar para morirse: indigna horizontal, prefiguración gratuita." (Valenzuela 7)

El sexo –prefigurado también- forma parte fundamental de las piezas que forman parte del engranaje cultural, como pieza de anclaje y sometimiento al sistema. "Me pregunto qué me obliga –yo tan bella- a ser cómplice de un gato de la muerte. Un vil gato basurero." (Valenzuela 9). La protagonista empieza a cuestionar su posición dentro del imaginario que se adhiere a una tradición caduca y obsoleta como los periódicos atrasados que lee: "Me pregunto y hasta logro responderme, ni lo duden. Es a causa, o a raíz de, o más bien por la culpa de mi monomanía de leer en un sótano los diarios atrasados." Esta "monomanía" que se convierte en una manía colectiva de repetir los viejos parámetros culturales es lo que cuestiona el sujeto narrador. Los periódicos son la mímesis de una subjetividad femenina mediatizada por los sitios culturales que contribuyen a reforzar una diferencia sexual a partir de su construcción. Marta Lamas analiza la fabricación del género a partir de los medios culturales. Estos, dice Lamas, actúan como una especie de filtro con el que se "interpreta" al mundo, y mediante los cuales se limita nuestra vida. Así lo siente el sujeto narrador:

Quedo así escuchando chirridos exteriores más bien desafinados. Se me estiran los tímpanos reventicos. Las mentiras una a una se dilatan y tengo canallesca sed de estar muy sola y observar mi propia imagen por el ojo de una cerradura periscópica. (Valenzuela 10)

La propagación del imaginario empieza a generar disturbios en el interior de sus códigos:

> Una nota finita me llega desde lejos y parece un llamado. Sólo yo aprendí a no responderle, me mantengo piola en mi canasto enroscada en mí misma sin siquiera estirar el pescuezo y asomar la cabeza para ver lo que pasa. Empiezo a saber del temor que me embarga: la razón de mis actos. (Valenzuela 10)

En el apartado 6 titulado "Currículum ¿vitae?", la coincidente aparición y desaparición del sujeto en el texto, así como su imagen corporal entre humano y animal genera una extraña difusión entre sus deseos (animales) y sus valores moralizantes (humanos). :

> He empezado a entregarme, a dar a conocer mis otridades, lo personal facético, mi múltiple experiencia y mi vida tan rica. Les contaré cuentitos hasta que llegue el sueño y no teman, ya no me crecen colmillos, tan sólo esta pata peluda bien lamible conocida de todos. Contaré a) y b) mis relaciones, c) sabrán a lo que aspiro. No podrán condenarme. (Valenzuela 45)

Aquí se cuestiona la calidad in-humana de vida, primero, en el título al poner signos de pregunta en la palabra "vitae", en latín; vida. Al denunciar la mezcla de multiplicidades en un ser plurivalente que reune en sí mismo al hombre y a la bestia en lo que Deleuze llama el devenir-animal. El narrador se materializa en diferentes composiciones del cuerpo humano con el cuerpo del animal. El sujeto narrador *del Gato* deviene hombre, mujer, rata, murciélago, perro, etc… Tal como en la novela de Mario de Andrade, *Macuinaíma* (1928) el protagonista nace un hombre negro que luego se transforma en una mujer indígena anciana, un hombre blanco y luego en mujer. Esta mutación recrea las posibilidades y caminos que explora durante las metamorfosis. Hay una transformación continua en el protagonista, lo cual deviene en diferentes realidades y sus consecuentes conflictos.

En *El gato,* las transformaciones constantes adoptan una dimensión que va más allá de lo humano. Deleuze habla de la comida natural del animal (polvo, gusano), o las relaciones exteriores con otros animales (puedes devenir con gatos, o devenir mono con un caballo) o un aparato o prótesis con la que la persona somete al animal. En este caso la "prótesis" que somete al sujeto es el género y su "bozal" histórico es la restricción de comportamiento sexual a la que se ve encapsulada:

> Ellas nada quieren saber de mis aullidos y quedan con la boca adherida a desgarrones para no dejar que cicatricen. Parecen

> lapas de la carne humana y sus piernas son bellas como banderas mientras los negros corren desaforados queriendo desprenderlas, corren, se retuercen se revuelcan y se frotan contra las rugosas paredes de piedra –más rugosas en la madrugada-. Mujeres al fin, ellas sufren los vejámenes y se quedan adheridas, también sangrantes ahora, también en carne viva hasta que los negros fornidos caen exagues y es entonces cuando empieza el acto de amor. (Valenzuela 16)

No solamente el género estipulado y pre-establecido es el bozal, sino también otro bozal apabullante e incontrolable es el surgimiento de los avances tecnológicos que están alejando al ser humano de su humanidad. En *The Economist* (febrero 2015) se llama "The Planet of the Phones" al estado de la sociedad actual. La difusión de este "Gran Hermano" privado ha creado una nueva era, la del "Phono sapiens" (9). La tecnología ha entrado en todos los ámbitos individuales y junto con las redes sociales convierten al individuo en un autómata regido por la adicción al teléfono "inteligente" y a lo que éste ofrece. Según el estudio publicado en *Public Library of Science* por Ethan Kross de la University of Michigan y Philippe Verduyn de la Leuven University en Bélgica en los Estados Unidos se revisa el teléfono un promedio de cada 15 minutos al día y en un margen de 10 minutos máximo al despertarse por la mañana. Según el estudio el *Smartphone* es "ubiquitous, addictive and transformative" (9). La metamorfosis humana se opera por medio de la dependencia a estar constantemente vigilado y al hambre de aprobación, exposición y "like" o "kill" (Facebook) que promueven algunas redes sociales. En otro estudio hecho en Humboldt University y Darmstadt's Technical University, ambas en Alemania con 594 usuarios de Facebook, el análisis de los datos arrojó que la emoción más común producida por Facebook es la envidia. Se concluye que los usuarios de estas redes sociales como "Facebook" u otros similares coincidieron con los índices de "poca autoestima, insatisfacción e infelicidad" (54), concluye el estudio diciendo que el hecho de ser aprobado "like" o no puede llevar a un completa insatisfacción y/o estado depresivo. En otras palabras la sed de aceptación tiene un enorme impacto en el estado emocional y psicológico de los usuarios, tanto así que se forma una dicotomía del "like" or "kill". En este caso también el usuario deviene en primero usuario, dependiente, esclavo, adicto y sometido al "Gran Hermano" personal que además no solamente es un medio de control sino que además, juzga y califica.

Los devenires en *El gato* son un proceso que emula los cambios a los que se autosomete el individuo dividido por constantes y múltiples cambios de devenires o cambios de *personae.* El "orden natural" actual desestabiliza al sujeto articulado como una ausencia/presencia, en este cosmos virtual, falso y enmascarado:

> 'El informe lo tengo en mi guarida al alcance de una mano cenicienta. Pueden pasar tres cosas:
>
> a) que salga el arcoiris y lo borre,
> b) que al contacto con el aire estalle y se disperse,
> c) que envuelto en la membrana transparente lo dé a publicidad para alentar al mundo.
> Opto por c)
> Pues el secreto nunca debe ser privado de las luces de un destino incierto.
> Y opto por d) por e) y por f) que no existen. (*El gato* 10)

El orden como representación de la estamenta, que el sujeto rechaza se desintegra al topar con él: "que al contacto con el aire estalle y se disperse" y la diferencia biológica sexual: que envuelto en la membrana transparente (la membrana uterina) lo dé a publicidad para alentar al mundo (el hecho de parirse en la humanidad)". La ley es para el sujeto femenino una de las formas de distopía que dicta el fascismo sexual al que él se resiste. Su cuerpo es el punto de partida desde el cual se alegoriza la materia corporal como lugar de permanente fragmentación, subdivision y proliferación. En el texto, el cuerpo grávido es el espacio paradigma desde donde se inicia esta colonización. La mención reiterativa de "las amas de casa" (madres) que se "deshacen de sus fetos" en el subtexto. "Algunas consideraciones zoológicas" enfatiza las cualidades de los instintos ambiguos; destructivos y a la vez asimilativos que son señalados y atribuídos como mediadores entre el ser y su realidad:

> Algunas amas de casa avisadas se cuidan muy bien de tirar sus fetos al tacho o de sacarlos a la calle. En general los desintegran con el triturador de la pileta de la cocina y dejan a las cloacas hacer el resto...pero no hay que temer el exterminio de la especie. La reproducción de los gatos de la muerte es instantánea y fulminante: no es el lento proceso de nacer, es el expeditivo acto de morir, pero a la inversa. (*El gato* 12)

El apartado parece reproducir el pensamiento de algunos sectores feministas que duplican el pensamiento de Kristeva al sindicar a la madre como centro organizativo del patriarcado en relación al género.

> The oral and anal drives, both of which are oriented and structured around the mother's body, dominate this sensorimotor organization. The mother's body is therefore what mediates the symbolic law organizing social relations and becomes the ordering principle of the semiotic chora, which is the path of destruction, agressivity, and death. (37)

A su vez, Nancy Chodorow en *The Reproduction of Mothering* (1978), argumenta que las "ciertas asimetrías sexuales universales" (74) en la organización social del género han sido generadas por la maternidad, ya que es responsabilidad exclusiva de la madre. Por el contrario, el valor de la maternidad en la sociedad y la mujer como única proveedora, es la consecuencia de su elaboración conceptual y cultural. Estos han construido la "femineidad" como apoyo a una ideología y a un sistema de castas sexuales, donde ésta ocupa el lugar menos privilegiado de la pirámide sexual. La madre como puente establecido entre el imaginario cultural de la femineidad y los discursos unificadores, es mencionada en *El gato*, como exactamente todo lo contrario. Es así que en el apartado de la primera sección "Algunas consideraciones zoológicas", el texto se conecta y orienta hacia el cuerpo de la madre o principio des/organizador: "otras amas de casa rocían los fetos con spray esterilizante, otras llegan al punto de comérselos para evitar la contaminación" (Valenzuela 12). La maternidad en este apartado de *El gato,* está patentada de un alienado espacio que atenta contra la configuración de la madre, como sitio de conservación social.

En el apartado "Morir infelizmente", el sujeto femenino es desmembrado a favor de la articulación de la mujer como sujeto en proceso.[63] La inclusión del injerto de piel de rata en la piel de la mujer y la falta de temor hacia "los gatos" proponen este criterio metafóricamente:

> Ahora hay un sol que es casi verano, me pregunto si no estoy traspapelada. Y es lindo sentarse como cualquier persona a tomar un refresco con pajita. Hoy soy buena y quisiera decírselo a la gente, asirla por los hombros, sacudirla con furia y patearle el estómago para que me comprenda. Sé que ése no es método, voy a cambiar de estilo. (32)

En el apartado b, "Mi amigo el pecado" el texto va cimentando las bases del devenir del sujeto que discrepa con estos marcos históricos en el que ha sido encapsulada. En este apartado, el sujeto materializa al "pecado" y sostiene un *vis á vis* con él. En este encuentro surgen una serie de meditaciones respecto a lo "ideal del ser femenino" y la implícita negatividad que esto conlleva:

> Me calzo entonces la bicicleta entre las piernas y salgo por las calles para llamarlo a gritos. Quiero que pedalee conmigo, que comparta mi asiento puntiagudo. Pedaleo con furia invocando al pecado, doblo las esquinas más procaces, corro como enloquecida entre depósitos con olor a río muerto.(Valenzuela 49)
>
> En busca del pecado he andado kilómetros, pero siento el dolor del abandono.

---

[63] El sujeto en proceso según Kristeva ataca cada estructura de censura y de afán unitario. El sujeto en proceso está en constante movimiento y movilidad o lo que ella llama *chora.*

> No veo su cola oscura por ningún intersticio...hay que ser muy austero para merecer pecados, tenaz consigo mismo y rígido hasta la demencia. No hacerse concesiones, me repito, nada de ser proclive a la autolástima. (Valenzuela 49)

Existe una serie de alusiones a los estándartes de la religión católica como la culpa, como mediadora y controladora del sistema. Esta circunstancia o posición de intermediario es especialmente en el espacio físico que es Latinoamérica, donde el mito de la creación y la transgresión de Eva en el jardín del Edén marcan una pauta para las prácticas sociales/sexuales. No solamente en Latinoamérica, afirma Octavio Paz sino también en España la idea de la mujer como "fiera doméstica" (Paz 32) se propagó especialmente en la posguerra. Según Paz, la excelencia y el único vehículo aparente de sometimiento es el del "freno de la religión" (Paz 32).

> Es que muchas veces recupero mi forma original, bastante humana: unas curvas cargadas de silencio, caderas sin presagios. Son milagros que ocurren cuando algún desconocido me besa largamente, cuando alguna boca recorre con unción mi cuerpo y me dibuja. Es la única manera que tengo de rehacerme: separando las piernas, dejándome aplastar y volviendo con horror a ser yo misma. (Valenzuela 59)

En este apartado se analiza la categorización sexual, el sujeto femenino y se establece a través de "dejarse aplastar" metafóricamente al reconocerse y hacerse humanamente legible. El aspecto performativo del sexo está parodiado en este ser en transformación, que no sugiere ningún placer sino lo contrario:

> Pero mientras el acto de amor me vuelve humana casi puede decirse que soy sabia y comulgo con el cosmos. Los gritos de placer que se me escapan se originan en el principio de las cosas y me siento primordial y pura como el agua. (Valenzuela 60)

En el sub-apartado "El mascarable" hay una revelación de lo constituido sexualmente a partir de una tecnicidad pobre del deseo. En este sub-apartado, hay una crítica a la insubstancialidad, animalidad, e indigencia sexual del ser humano a través de un ser enmascarado (el ser posmoderno contemporáneo) que posee rasgos físicos bestiales: "Tiene dos ojitos vivos de perdiz, las puntiagudas orejas de un cachorro, dientes de jabalí...todo bien guardado en sus frasquitos dentro de la congeladora." (64) A pesar de su apariencia animal no necesita una verdadera máscara que inhiba sus relaciones con los humanos: "Para hacerse una máscara no ha tomado ni un solo rasgo humano. Ni los ojos acuosos de la rubia miope ni la lengua de Abel, látigo destellante." (64) La parodia del encallanamiento de la incapacidad del goce humano y la carencia de erotismo que no contempla diferencia visual alguna con las bestias. Este hombre responde a un aviso publicado en el diario solicitando un tercer compañero sexual para una pareja heterosexual. Esto apunta a que las relaciones sexuales más que un simple acuerdo corporal entre dos es un acuerdo tácito contractual debe ser regulado y formalizado por la ley simbólica. Deleuze se refiere al lenguaje de Masoch en *Venus in Furs* (1870) como un lenguaje que marca la naturaleza también contractual de sus encuentros sexuales. Este contrato al igual que "El mascarable" se hace con el fin de "educar" a sus ocasionales amantes –al igual que Masoch- pero con la diferencia que se dirige a un ser inanimado (una cama) de la que se enamora.

> Primero creyó entender que la cama respondía a sus avances. Y simulaba estar trabado con algún botón rebelde para escuchar si ella gemía bajo el peso de la rubia o de Abel, como lo haría después cuando él la penetrara (65)

En el apartado 10, "Paréntesis para 3 variaciones lúdicas" se pone de manifiesto el sexo y su atributo de ejercicio libre para la nueva configuración del ser femenino. Aquí se establecen las "reglas" del juego del ejercicio sexual por sí mismo, desatendiendo el componente moral, metafísico, o, supuestamente biológico del sexo. Valenzuela presenta en el juego "El fornicón" las bases de una sexualidad sana y libre:

Bases:

- Prohibido simular sensaciones
- Se debe atender a que la pareja también participe del juego
- Se requiere mucha felicidad y olvidar el tremendismo.

Este apartado, inusualmente, continúa el ritmo del anterior y explora el juego explícito sexual entre "dos o más participantes", lujuria y deseo dan forma a este apartado donde la imagen narrativa está influenciada por las complicaciones, que se especifican al centrar la atención en la transgresión: "En esta segunda etapa los jugadores, sin saber bien cómo ni cuándo, deben estar ya completamente desvestidos. El pudor no cabe en este juego, ni tampoco la prudencia" (69). El orgasmo como fin del "fornicón" moldea el propósito del juego –por ambas o más partes-. La culminación del juego se enriquece con la práctica y abre la experimentación y libertad en el pleno ejercicio y experiencia privada de la sexualidad. Sin embargo, en el juego no aparecen géneros específicos, ni detalles que representen alguna versión de alguna categoría sexual, por lo que, nuevamente sugiere la disolución parcial de las marcas sexuales en pos de la culminación del deseo sin ataduras ni regímenes sociales que lo moldeen. Las designaciones rígidas en ese caso de hombre/mujer se desintegran encontrando el goce sin etiquetas o amarras que los aprisionen.

En el subapartado "Bis II" está presente la psicología del evangelio y la idea del sacrificio y la culpa inherente a él heredada de los preceptos cristianos. Valenzuela analoga el sacrificio del "redentor" con el sacrificio del cuerpo inmolado en el sexo sin goce:

> Otra vez me estoy bañando y sé que estas abluciones preparan mi cuerpo para el gran sacrificio. Soy una buena víctima expiatoria, no lo duden, tengo cierta castidad metida muy adentro y un sentimiento heroico que me ampara. (Valenzuela 82)

En este apartado opera un paralelismo entre la fatalidad del discurso cristiano como fábula de sacrificio: "La inmolación también se da al abrir las piernas dejando que la daga nos penetre. ¿Quién no ha sido una víctima gozosa, quien no ha dado su cuerpo para hablar con los dioses?"(Valenzuela 82). La ironía de la "víctima gozosa" que se implanta en una disciplina del espíritu, como magno simbolismo de una pauta esencial para la cohesión socio-histórica, marca el ritmo de este apartado. Así como el cristianismo ha formado una "burda fábula del dramaturgo y redentor", los entes sociales han creado una sexualidad histórica femenina a partir de una, también burda fábula que obedece a fines de orden social, más que a una técnica del deseo de la mujer:

> Ay como quisiera volver a casa y sacarme este ojo de vidrio tan molesto...ay como quisiera ir a casa y sacarme la vieja dentadura, pero mis admiradores me exigen tantos besos que sin dientes se me gastan las encías. Ay, sacarme la peluca, estos pechos postizos si sólo mis amantes me dejaran. (83)

La falsificación de una existencia sexual que apunta hacia el deseo del otro en el *El gato* representa un ente envilecido y sometido. El deseo desde la formulación lacaniana como *suplementaire* permea este apartado. Lacan analiza el deseo femenino en su Seminario XX; según él, el deseo femenino es un deseo "suplementario" al deseo del hombre. Es decir, puede existir sexualidad sin deseo, sin goce, ya que es un suplemento del goce del otro; no tiene que existir. Sin embargo, según Lacan, el deseo –que lleva al goce- de la mujer (o la mujer con el artículo determinado tachado) está destinado sólo para unas cuantas, para las que tienen el poder de llegar a conocerlo: "Il y a une jouissance à elle, a cette elle qui n'existe pas et ne signifie rien. Il y a une jouissance à elle dont peut-être elle-même ne sait rien sinon que' elle l'éprouve — ça elle le sait." (54) Esa ella que "no existe" no existe porque está fuera del orden simbólico y existe sólo en el margen. "Ella no lo sabe" porque los imaginarios sociales y culturales se han construido desde un discurso que restringe la emancipacíon del deseo/goce de la mujer (sin tacha) como símbolo de la unidad dentro del sistema. Pero, agrega Lacan, cuando le ocurre (cuando goza), eso ella (la del la tachado) sí lo sabe. *El gato* ironiza al discurso evangélico como operante principal en las condiciones de catatonia de goce femenino, mediante la autoafirmación a partir de la desaparición ("muerte") a favor de una colectividad, que exige su negación y sacrificio. El deseo femenino está ausente por sí mismo y hay una distancia jerárquica entre éste y su contraparte masculina, que lo aisla en una condena de no-existencia: "¿De qué le sirven las manos a un huevito, o los dientes, o el ojo ciclopal que corona su cara? Pero mi corazón explota cada tanto –ya sea sobre el altar de sacrificios o dentro de la cama (misma cosa)"(Valenzuela 83) La carencia de *areté* en el deseo femenino se hace patente como un fantasma sin recorrido y sin llegada fijas. El estado de catatonia sexual es una "bienaventuranza" y sirve de autoafirmación dentro de los estamentos sociales. El modelo ético de la femineidad subscribe a la mujer a posturas rígidas e inamovibles dentro del imaginario social respecto a lo socialmente aceptado o no dentro del sistema social. Carlos Monsiváis define claramente la posición de la mujer dentro del marco social. En "No estamos en contra de las libertades sino de su ejercicio", afirmando que la derecha fomenta la ignorancia y la falta de autonomía sexual de las mujeres: "Esto es lo inadmisible para la derecha: si los niños saben, si las mujeres deciden, su hegemonía se desvanece." (6) Monsiváis dice que el modelo ético de la "femineidad" ha sido rotulado y prescripto a dos categorías muy bien diferenciadas: "o putas o santas." Es decir, el imaginario cultural ha tramado las convenciones necesarias para que una colectividad ejerza su propia policía, a través de un punto clave: el goce o no goce de la mujer. Por otro lado, la policía más efectiva y rígida es la contenida en las propias mujeres quienes se oponen a devenir en un ser libre y sin rótulos sociales.

Hacia el final del texto en el sub-apartado "La invitación" que pertenece al apartado 16, el discurso fragmentado de *El gato eficaz*, toma una dirección hacia lo que Deleuze llama "la mujer disidente", como la figura casi imposible que escapa del marco edípico y, así, de las marcas sociales y sexuales adjudicadas. Para Deleuze la posición mujer se constituye en relación con la mayoría normativa de mujeres dominadas por el campo simbólico (mujeres que se ajustan al su rol tradicional y que son cómplices del sistema). En este sentido, el relato se torna reclamatorio:

> Yo iría a cualquier baile con tal de divertirme aunque quieran matarme por ser tan diferente. El organismo del mundo sin duda me

> rechaza, me expulsará muy lejos pues soy un cuerpo extraño. Siempre los distintos suscitamos rencores... (*El gato* 105)

Este modelo de mujer en *El gato*, colapsa con las estructuras de distinción "femenina" y asume una posición distinta en el campo simbólico, que la empondera. El devenir se instituye en la toma revolucionaria de una dimensión no permitida para la colectividad femenina.

Según Deleuze el devenir ocurre con la emisión de partículas que toman cierta relación de movimiento al entrar en una zona particular de proximidad. Es decir, no es cuestión de una producción real, como un niño que devenga en animal, no es una cuestión de semejanza, como si el niño imitara animales ni una cuestión de una metáfora simbólica, como si el niño autista que es abandonado o perdido se convierta en una analogía de un animal como en *L'e enfant sauvage* (1970) de Francois Truffaut. Este razonamiento está basado en romper justamente el culturalismo o moralismo que sostiene la irreducibilidad del orden humano. Deleuze apunta hacia otras posibilidades como involuciones creativas, como la mujer disidente que plantea *El gato*. El sujeto se enmascara para investirse de legibilidad social:

> No me gustan las fiestas donde las bellas usan cabezas de otros seres a modo de cartera, pero no faltaré si por casualidad me invitan. Seré otra, lo sé, cuando vaya a una fiesta, desataré mis múltiples facetas. (106)

Sin embargo, en el sub-apartado "Fiestas I y II" parte del apartado anterior, el cuerpo parece verse afectado por las presiones sociales, lo cual experimenta a través del lenguaje:

> ...quiero fornicar quiero para no tener artieroesclerósis (sic) como dice el médico aquel(sic) quiero arterioesclereosar(sic) quiero para no tener fornicones en la cara ni granujas en el culo ni nada que puede molestar el libre curso de mi belleza... (sic) (107)

A medida que el discurso fluye, se va desmembrando y perdiendo forma normativa, rompe las reglas morfológicas, sintácticas, ortográficas al mismo tiempo que nombra la imposibilidad del lenguaje como artefacto cultural. El lenguaje como epítome de la cultura monolítica y homogénea le impide expresarse y ella reclama la separación del lenguaje para tratar de expresarse, pero va desvaneciéndose de a pocos:

> ...porque el pertenecimiento borra toda la posibilidad de revolución q u es lo únioc perdadero en el hombre en el hombre y en la mujer también que aunque nos se se la mencione tiene su cuen el tetrespejo no tien reflejo el tetraedhor no tiene nada de eso que hace a los tetarahedroes tetrahyedróticos... (sic) (107)

El lenguaje pierde presencia al mismo tiempo que el sujeto insta al cambio. De este modo se diluye, en el texto, el intento de que el sujeto en proceso aparezca, ya que las estructuras socio-políticas lo impiden. Se expone, además, la perturbación a la que se somete un sujeto revolucionario, a su posible disolución, desaparición y a la invisibilidad social ya que el lenguaje define y confina.

Al final del texto el sujeto narrador (uno de los sujetos narradores) parece determinado a luchar por su libertad y legibilidad social como ente alternativo de la mal llamada "femineidad" y que su relación con el sexo no sea sometido a conceptos anacrónicos de temperamento "femenino". *El gato* exhorta a demostrar la existencia de un modelo de pensamiento y actuación sexual que nazca fuera de las analogías sexuales, sino que se nutra de su propio cuerpo y practicidad. En el film *Lunacy* se proyecta la idea del placer como atributo esencial para el serse. Las prácticas eróticas del excéntrico Marqués y su concepción del placer por el ejercicio del mismo son nominadas como enfermedad. El sexo como parte de la libertad absoluta de la que goza el Marqués y su aproximación a la cura de sus pacientes es una metáfora del cuerpo social. Por un lado se promueve la libertad, el baile, el juego. Por otro, el tratamiento es altamente punitivo y consiste en la mutilación de distintas partes del cuerpo dependiendo del tipo de "enfermedad". El castigo por el ejercicio de una sexualidad libre es la amputación de diversos órganos y miembros. Empiezan por la lengua, los ojos, la nariz y así hasta llegar a la mutilación de los órganos sexuales. *Lunacy* es una alegoría de la sociedad vigente encasillada en la violencia, inercia y automatismo.

El gato protesta y se rebela ante la querofobia (miedo al placer), al *status quo* y propone un nuevo inicio:

> ¿Fatua yo? Fatuo todo aquel que pretende retenernos y nos detiene un tiempo. Lo que no cambia es fatuo con pretensión de eterno y no yo que ya no soy la misma me transformo en colores dentro de mi retina, gasifico mis formas y me sigo nombrando yo, mí, me, no por vieja costumbre que no tengo sino a falta de algo mejor y a la espera de un nuevo solidario como vos que descubra las claves de este juego y alínee las piezas –blancas perrovidas, negras gatomuertes- y retome los ciclos. Jaque mate otra vez, que me mate de lejos. Me mate, memite, me imite: *sólo en un renacimiendo reside mi esperanza.* (Valenzuela 119, énfasis mío)

En *El Gato se* deja lugar "vacante" que debe ser posicionado por un colectivo. La estrategia textual en *El gato* propone que el sujeto del discurso por él producido sea una generación nueva que se asigne un nuevo "signo". Tal y como lo define Barthes, el texto escribible propone dimensiones que discrepen con los "signos" estáticos. Al decir: "...sólo en mi renacimiento reside mi esperanza.", *El gato* promueve a gritos una revolución y deja una puerta abierta alternativa a la prisión de géneros, al mismo tiempo que desmonta el imaginario cultural a través de la ficción. El texto deconstruye los modelos éticos de la "femineidad" y propone un sujeto que emerja desde su espacio de goce o en la forma lacaniana de decirlo su "volonté de jouir".

BIBLIOGRAFIA

Bibliografía

Acedo Tapia, Eugenia Ma. "El paisaje de Comala: un viaje del paraíso al infierno". Mattalia, Sonia; Celma, Pilar and Pilar Alonso (eds.) *El viaje en la literatura hispanoamericana: el espíritu colombino*. Madrid: Iberoamericana, 2008.

Agins Lincow, Jamie. "La distopía en las novelas de Ana María Shua." Diss. Temple U, 2010.

Alazraki Jaime. "El texto como palimpsesto: lectura intertextual de Borges" *Hispanic Review* 53.3 (1984): 281-302.

Alighieri, Dante. *La divina comedia*. Trad. A. Crespo. Barcelona: Seix Barral, 1987.

---. *The Inferno of Dante*. Trad. Robert Pinsky. New York: Farrar, Strauss and Giroux, 1994.

A Man without a Past. Dir. Aki Kaurismäki. Bavaria Film, 2002. Film.

Amler, Jane Frances. *Christopher Columbus's Jewish Roots*. New York: Jason Aronson Inc., 1991.

Andrade Mario, *Macunaima*. Dir. Joaquim Pedro do Andrade. Serro Filmes, 1969. Film.

Araújo, Ana. "Os múltiplos aspectos da palabra em *Água viva* e *Perto do coração selvagem*". *Romance Languages Annual* 2 (1990): 310-12.

Araya Grandón, Juan Gabriel. "Distopía y devastación ecológica en 2010: *Chile en llamas* (1998) de Darío Oses" *Acta Literaria* 40 (2010): 29-44.

Arêas, Vilma. 'Un poco de sangre (Observaciones sobre *La hora de la estrella* de Clarice Lispector)', *Escritura* (1989) 24:28 403-413.

Archer, Deborah. "Receiving the Other: The Feminine Economy of Clarice Lispector's *The Hour of the Star*"*Anxious Power: Reading, Writing, and Ambivalence in Narrative by Women.* Singley, Carol J. y Sweeney, Susan Elizabeth eds., Albany: State U of New York P. 1993, 253-277.

Arráte, Marina. "Esquizofrenia y literatura: la obsesión discursiva en *El padre mío* de Diamela Eltit" *Una poética de literatura menor; la narrativa de Diamela Eltit.* Santiago de Chile: Ed. Cuarto Propio, 1993 127-140.

Arrugas (*Wrinkles*). Dir. Ignacio Ferreras. Prod. Perro Verde Films, 2011. Film.

Artaud, Antonin. "Lettres de Rodez" en *Ouevres completes*. Paris: Gallimard, 1946.

Ary, Zaíra. *Masculino y femenino no imaginário católico: da Acão Católica à Teologia da Libertação*. São Paulo: Annablume Editora, 2000.

Asensio-Sierra, Isabel. *Erotic Bodies/Erotic Politics in Latin American Women's Writing*.(DAIA) 2007 Feb; 67 (8): 2974-75. Vanderbilt U, 2006. Actas del XII Congreso **de** Literatura Latinoamericana, Montclair State. 1983.

Ayala, Mónica. "Algunos rostros de un país mítico llamado Macondo." *Revista Universal Eafit* 90 (2012): 63-68.

Badiou, Alan. *Theorie du sujet*. Paris: Seuil, 1982.

Baudillard, Jean. *Impossible Exchange*. Trad. Chris Turner. Londres: Verso, 2001.

---. *Figuras de alteridad*. Trad. Victoria Torres Bogotá: Taurus, 1994.

---. *The Transparency of Evil: Essays on Extreme Phenomena (Radical Thinkers)*. Trad. James Benedict. New York: Verso, 2009.

Barthes, Roland. *S/Z*. New York: Hill and Wang, 1975.

---. "The Death of the Author." En *A Barthes Reader*. Ed. Susan Sontag. Hill and Wang: New York, 1967.

Baroja, Pío. *Camino a la perfección*. Madrid: Espasa Calpe, 1902.

Bataille, Georges, *Erotism*. Trad. Mary Dalwood. San Francisco: City Light Books, 1957.

---. *Ma Mère*. Paris: Éditions de Minúi, 1966.

Benavides Silva, Fabián Leonardo. *Curanderismo en Bogotá: Entre la "razón" la"sinrazón"*. Diss. Universidad Nacional de Colombia, 2012.

Benjamin, Jessica. *A Desire of One's Own: Pshycoanalytic Feminism and Intersubjective Space*. Center for Twentieth Century Studies, U of Wisconsin: Milwaukee, 1985.

Berenguer, Carmen. *Escribir en los bordes*. Santiago de Chile: Editorial Cuarto Propio, 1994.

Bergson, Henri. *Laugher: An Essay of the Meaning of the Comic*. Trad. por Cloudesley Brereton. New York: The Macmillian Company, 1901.

---. *Time and Free Will: An Essay on the Inmediate Data of Consciousness*. New

York: Dover Publications, 1900.

Bhabha, Homi. "The Commitment to Theory" en *The Location of Culture*. New York: Routledge, 1994.

Bilbija, Ksenia: *Yo soy trampa. Ensayos sobre la obra de Luisa Valenzuela*. Buenos Aires, Feminaria Editora, 2003.

Birnhaum, Milton. *Aldous Huxley's Quest for Values*. Knoxville: U of Tennessee P, 1971.

Blade Runner. Dir. Ridley Scott. Warner Bros, 1982. Film.

Boekhoudt, Silvia. "Carnavalización y presencia bíblica en el cuento 'Un señor muy viejo con unas alas enormes', de Gabriel García Márquez." *Revista Cuadernos De Literatura De Caribe E Hispanoamérica* (2007): 1-6.

Borges, Jorge Luis. *Obras completas*. Barcelona: Emecé Editores, 2004.

---. *A Personal Anthology*. Ed. y Trad. Anthony Kerrigan. New York: Grove Press, 1967.

---. *Manual de zoología fantástica*. México. Fondo de Cultura Económica, 1957.

Boullosa, Carmen. *Sólo para muchachos*. México: Alfaguara, 1997.

---. *El libro de Ana*. Alfaguara: México, 2016.

---."La Midas". México: CIDCLI, 1986.

Bowman, Nan. *Women's Utopias in British and American Fiction*. New York: Routledge, 1988.

Burgos, Fernando. "A Conversation with Luisa Valenzuela" River City: Memphis SU, 1989.

Butler, Judith. *Bodies that Matter*. New York: Routledge, 1993.

Butler, Octavia. *Fledglin*. Paris: Grand Central Publishing, 2005.

Bradsbury, Ray. *Fahrenheit 451*. New York: Ballantine Books, 1953.

Brooker, Keith. *Dystopian Literature*. London: Greenwood Press, 1994.

---. 'Hibridismo de gêneros ou a procura da píntese expressional." O *Estado* de São Paulo 15 Dec 1974: 20-4.

Brower, Keith. "The Narratee in Clarice Lispector's *Água viva*" *Romance Notes* 32.2 (1991) 111-18.

Breckenridge, Janis. "Female (W)rites: Notions of Creativity in Diamela Eltit" *Romance Languages Annual* 11 (2000): 424-427.

Brito, Eugenia. "Desde la mujer a la androginia" *Pluma y Pincel* 17 (1985) 43.

Brooks, Cleanth. "The Language of Paradox" *The Language of Poetry*. Ed. Allen Tate Princeton, NJ: Princeton U, 1942.

Bruno, Haroldo. "Água viva: um solilóquio de Clarice Lispector sobre o ser." O *Estado* de São Paulo 3 Feb 1974: 13-15.

Brushwood, John S. "Two Views of the Boom: North and South". *Latin American Literary Review* 15.29 (1987): 13–31. Web Oct 28, 2014.

Cadena, Holly. "Lo absurdo somos nosotros: el humor en los personajes de Borges." *Bulletin of Hispanic Studies* 82 (2005) 481-89.

Calvino, Italo. *Invisible Cities* Trad. William Weaver. New York: Harcourt, 1974.

Campbell, Joseph, *The Hero and the Thousand Faces*. New York: Pantheon Books, 1949.

It's a Wonderful Life. Dir. Frank Capra. Prod. Liberty Films, 1947. Film.

Castro-Klarén, Sara. *Narrativa femenina en América Latina*. Madrid: Iberoamericana, 2003.

---. "Escritura y cuerpo en Lumpérica". Una poética de literatura menor. Ed. Juan Carlos Lértora. Santiago de Chile: Editorial Cuarto Propio, 1993.

Casamayor Cisneros, Odette. *Utopía, distopía e ingravidez: Reconfiguraciones cosmológicas en la narrativa postsoviética cubana*. Madrid: Iberoamericana, 2013.

Cixous, Hélenè. *La risa de la medusa*. Trad. Ana María Moix. Madrid: Anthropos, 1995.

Cochrane, Helena Antolin. "Androgynous voices in the novels of Cristina Peri Rossi." *Mosaic: a Journal for the Interdisciplinary Study of Literature* 30.3 (1997): 97.

Code 46. Dir. Michael Winterbottom. BBC, 2003. Film.

Coll, Doreley. "Clarice Lispector y la economía andrógina de *Água viva*" *Revista Canadiense de Estudios Hispánicos* 26.1.2 (2001): 199-210.

Collins, Suzanne. *Hunger Games*. New York: Scholastic Inc., 2008. Print.

Colón, Cristóbal. Transcriptor, Bartolomé de las Casas. *El diario de navegación, colonialidad y gramática de la descolonialidad*. Buenos Aires: Ediciones de Signo, 2010.

Corbatta, Jorgelina. *Narrativas de la Guerra sucia en Argentina*. Buenos Aires: Ediciones Corregidor, 1999.

Cortázar, Julio. *Rayuela*. Buenos Aires: Editorial Sudamericana, 1963.

Cooper, Sarah. "Dysfunctional Family, Dysfunctional Nation: *El cuarto mundo* by Diamela Eltit" *The Ties that Bind: Questioning Family, Dynamics and Family Discourse in Hispanic Latin and Film.* UP of America: Maryland, 2004. 103-27.

Covarrubias, Edmundo. "Experiencia literaria y palabra en duelo" en *Duelo y creatividad.* Ed. Eleonora Casaula, Edmundo Covarrubias y Diamela Eltit.Santiago de Chile: Cuarto Propio, 1990.

Chirinos, Eduardo. "Del Quetzal Al Gallinazo." *Revista De Crítica Literaria Latinoamericana,* 21st, 42 (1995): 221-31.

Chodorov, Nancy. *The Reproduction of Mothering.* Berkeley: U of California P, 1978.

Clarck, John R. "Angel in Excrement: Garcia Márquez's Innocent Tale ("A Very Old Man with Enormous Wings")." *Notes on Contemporary Literature (NConL)* (1988): 2-3.

Craig, Linda. "Women and Language: Luisa Valenzuela's *Gato eficaz*". *Feminist Readings on Spanish and Latin American Literature.* New York: Lewinston, 1990. 151-60.

Cruz Martes, Camille. "*El cuarto mundo*, el lenguaje del asedio corporal" *La Torre.* 10.38 (2005): 605-615.

Dashner, James. *The Maze Runner.* Unabridged Production. 2009.

De Costa, René. *Humor in Borges.* Detroit: Wayne State UP: 2000.

Defoe, Daniel. *Life and Adventures of Robinson Crusoe.* Londres, 1719.

Deleuze, Gilles, Guattari, Felix. *Kafka: Toward a Minor Literature.* Minnesota: U of Minnesota P, 1986.

---. *Anti-Oedipus: Capitalism and Ezquizofrenia.* Trad. Robert Hurley, Mark Seem y Helen R. Minneapolis: U of Minnesota P, 1996.

---. *A Thousand Plateus.* Trad. Brian Massumi. Minneapolis: U of Minessota P, 1987.

De Ropp, Robert. *The Master Game: Pathways to Higher Consciousness.* Nevada: Gateways Books and Tapes, 1995.

Derrida, Jacques. *Of Grammatology.* Trad. Gayatri Chakravorty. Baltimore: John Hopkins UP, 1976.

---. *Dissemination.* Chicago: U of Chicago P, 1981.

Díaz, Gwendolyn (ed.): *Luisa Valenzuela sin máscara.* Buenos Aires, Feminaria Editora, 2002.

Dick. Phillip K. *Do Androids Dream of Electric Sheep?* New York: Ballantine Books, 1968.

Diéz Cobo, Rosa María. "La distopía universal a través del apocalipsis mexicano en *Cielos de tierra* de Carmen Boullosa." Mattalia, Sonia; Celma, Pilar and Pilar Alonso (eds.) *El viaje en la Literatura Hispanoamericana: el espíritu colombino.* Madrid: Iberoamericana, 2008.

Dogville. Dir. Lars Von Trier. Zentropa Entretainers. 2003. Film.

Domingo, Andreu. *Descenso literario a los infiernos demográficos.* Barcelona: Anagrama, 2008.

Domínguez-García. Javier. "La distopía de un mundo al revés en *El camino de Santiago* de Alejo Carpentier." *Espéculo. Revista de estudios literarios* 34 (2007). Web. 5 abril 2010.

Dove, Patrick. "Metaphor and Image in Borges's (sic) 'El Zahir.'" *The Romanic Review* 98.2-3 (2007): 169-87.

Draper, Robert. "Rethinking Nero." New York: *National Geographic.* Septiembre 2014. (82-111).

Eco, Umberto. *The Name of the Rose* Trad. Weaver. New York: Harcourt Brace Jovanovich Publishers, 1980.

---. *La definizione dell'arte.* Milán: Garzanti, 1978.

---. *Seis paseos por los bosques narrativos.* Trad. Helena Lozano. Barcelona: Editorial Lumen, 1996.

---. *Interpretation and Overinterpretation.* Great Britain: Cambridge UP, 1992.

Ellison, Harlan. *A Boy and his Dog.* New York: Avon, 1969.

Eltit, Diamela, *El cuarto mundo.* Santiago de Chile: Biblioteca Breve, 1996.

---. *Lumpérica.* Santiago de Chile: Planeta, 1998.

---. *Vaca sagrada.* Santiado de Chile: Planeta, 1991.

Michael. Dir. Ephron, Nora. Prod. Turner Pictures. 1996.Film.

Ernst and Celestine. Dir. Stéphane Aubier, Vincent Patar. La Parti Productions. 2014. Film.

"Face Book is bad for you: Get a Life!" *Economist* 13 Aug. 2013: 228.

Feal Geisdorfer, Rosemary. "The Painting of Desire: Representations of Eroticism in Mario Vargas Llosa's *Elogio de la madrastra*" *Revista de Estudios Hispánicos.* (1990) 87-106.

Fernández-Babineaux, María. 'Un estudio comparado de la distopía 'femenina': *A hora da estrela* y *Brave New World*" *Neophilologus* 94.1 (2009): 81-92.

---. *Cain. Hispania.* 94.3 (2011): 710.

---."Androginia e inversión de papeles como crítica social en *Nada*". *Letras Peninsulares.* (2009) 21:2 , 331-43.

---."Lo andrógino en *Água viva* de Clarice Lispector" La palabra según *Clarice Lispector:Aproximaciones críticas/ A palavra segundo Clarice Lispector: Aproximações críticas*, edited by César Ferreira and Luciana Namorato. Lima: Fondo Editorial de la Universidad Mayor de San Marcos-Ediciones del Vicerrectorado Académico, 2011. 93-109.

---."La Madre Santa y la madre sexual: Subversión cultural en *Elogio de la madrastra*" *Espéculo* 45 (Jul-Oct). Reprinted, *Académica* 2. 4 (2010): 13.

Fernández-Lamarque, María. "Nietzschean Voices in 'Little Red Riding Hood' Spanish Version, *Caperucita en Manhattan*" (IRCL) *International Research in Children's Literature*_6.1 (2013): 76-90.

---."La heterotopia en *Solitario de amor*" *Pegaso* 5.5 (2012): 25-32.

Foucault, Michael. "Of Other Spaces" en *Power/Knowledge: Selected Interviews & Literatures.* Minneapolis: U of Minnesota P, 1996.

Ferrari Horta, Maria de Lourdes. 'O Foco Narrativo em *A Hora da Estrela*'. *Letras de hoje.* (1999) 34:4, 69-76.

Firchow, Meter Edgerly. 'Readings on *Brave New World*'. Katie De Koster ed., "Huxley's Characters are Appropriate for the Novel". San Diego: Green Haven Press, 1999. 139-149.

Fitzgerald, Donna. "Borges, Woman and Postcolonial History." *Romance Studies* 24.3 (2006) 227-239.

Flegel, Monica. "Everything I Wanted to Know about Sex I Learned from My Cat: Animal Stories, Working-Class 'Life Troubles,' and the Child Reader in Victorian England". *ChLA Quarterly* 41.2 (2016). 121-141.

Forero, Andrés. "El Zahir' en los relatos de Jorge Luis Borges." *Variaciones Borges* 24 (2007): 153-166.

Foucault, Michael. "Of Other Spaces". *Diacritics* 16-1 (1968): 22-27.

---. *Power and Knowledge.* Trad. Colin Gordon. Pantheon Books: New York, 1972.

---. *The Archeology of Knowledge.* Trad. Sheridan Smith. New York: Pantheon Books, 1989.

Franco, Jean."Depone El Vaticano: el Proyecto Secular del Feminismo". *Debate Feminista*: 27 (2003) 28-44.

Freud, Sigmund. *Ego and Id*. Trad. Joan Riviere. New York: Norton, 1989.

Galindo, Oscar V. "Utopía y distopía en el contexto político de la poesía chilena de fines del siglo XX. Raul Zurita y José Angel Cuevas." Spiller, Roland; Heydenreich, Titus; Hoefler, Walter and Sergio Vergara Alarcón (ed.) Memoria, duelo y narración: *Chile después de Pinochet: Literatura, cine, sociedad*. Franfurt/Madrid: Vervuert; Iberoamericana, 2004. 231-48.

Gálvez-Carlisle, Gloria. "Desde ´La pasión de la Virgen´ a *Horcajadas*: Subjetividad, distopía y transgresión erótica" *Acta Literaria* 19 (1994): 49-58.

Garcerán Vázquez, Luis Miguel. "El infierno como sistema. Huellas distópicas en *Anda Nada* de Luis Britto García." Mattalia, Sonia; Celma, Pilar and Pilar Alonso (eds.) *El viaje en la Literatura Hispanoamericana: el espíritu colombino*. Madrid: Iberoamericana, 2008.

García-Corales, Guillermo. "Disenchantment and Carnivalization: A Bakhtinian Reading of *The Fourth World*" *Intertexts* 1-1 (1997): 104-112.

---. "Entrevista con Diamela Eltit: una reflexión sobre su literatura y el momento político-cultural chileno" *Revista de Estudios Colombianos*: Bogotá, 1990.

García-Cedro, Gabriela. "La escritura como cuestionamiento al orden institucional en la narrativa de Diamela Eltit" *La Torre* 10-38 (2005): 439-449.

García Ramos, Arturo. "El loro del realismo mágico: Torrente Ballester y la literatura fantástica del '**boom**' hispanoamericano" *Insula: Revista de Letras y Ciencias Humanas* 780 (2011): 21-24.

García Márquez, Gabriel. "Un hombre muy viejo con alas enormes". Barcelona: Editorial Lumen, 1996.

---. "Los funerales de mamá grande". México: Universidad Veracruzana, 1962.

---. *El coronel no tiene quien le escriba*. Colombia: Editorial Aguirre, 1965.

---. *Cien años de soledad*. Buenos Aires: Editorial Sudamericana, 1967.

---. *El amor en los tiempos del cólera*: Barcelona: Seix Barral, 1985.

---. *El amor y otros demonios*. Colombia: Grupo Editorial Norma, 1994.

---. *La increíble y triste historia de la cándida Eréndira y su abuela desalmada*: Barcelona: Seix Barral, 1972.

Gattaca. Dir. Andrew Niccol. Columbia Pictures, 1997. Film.

Genette, Gérard. *Figures of Literary Discourse.* Trad. Alan Sheridan. New York: Columbia UP.1984.

---. *Palimpsest.* Trad. Channa Newman y Claude Doubinsky. Nebraska: U of Nebraska P, 1982.

Gutiérrez Mouat, Ricardo. "*La muerte de Artemio Cruz*, el boom y la teoría posmoderna." *Literatura Mexicana*, 17:1 (2006): 29-42.

Guerrieri, Kevin. 'La postmodernidad y el feminismo en *A hora da estrela* de Clarice Lispector' *Explicación de textos literarios*, (1999) 28:1-2, 108-24.

Guevara, Ernesto. *Guerra de guerrillas*. Habana: Departamento de Minfar, 1961.

Gossy, María. "Not So Lonely: A Butch-Femme Reading of Cristina Peri-Rossi's *Solitario de amor*" Ed. David Foster y Roberto Rise. *Bodies and Biases: Sexualities in Hispanic Cultures and Literatures.* Minneapolis: U of Minnesota P, 1996.

Golding, William *A Moving Target.* New York: Farrar, Straus and Giroux. 1982.

---. *The Lord of the Flies.* New York: Coward-McCann, 1962.

Graves, Robert y Raphael, Patai. *Hebrew Myths: The Book of Genesis.* New York: Greenwish House, 1984.

Grimms Brothers. *The Complete Grimm's Fairy Tales.* Trad. Por Margaret Hunt. New York: Random House, 1989.

Haase, Jenny. "Utopías, distopías, heterotopías: El sur como lugar de memoria en Argentina y Chile: Sur, de Fernando Solanas, y La frontera, de Ricardo Larraín." *Escribir después de la dictadura. La producción literaria y cultural en las posdictaduras de Europa Hispanoamérica.* Frankfurt: Iberoamericana (2011): 295- 315.

Hahn, Oscar. "Trayectoria del cuento fantástico hispanoamericano." *Mester* XIX.2 (Fall 1990): 34-45.
Web. <escholarship.org/uc/item/0z3251t7>.

Heilbrun, Carolyn. *Towards a Recognition of Androgyny.* New York: Carol Publishing Group, 1993.

Helena, Lucia. "Um texto fugitivo em *Água viva*". *Revista de Literatura Brasileira* 12 (1994): 19-28.

Henseler, Christine. "Advertising Eroticism: Fetishism on Display in Cristina Peri Rossi" *Gender on Display: Advertising the Body of Contemporary Spanish Latin American Women's Writing: Feminist Readings in Theory and Crisis.* (ALEC) 25.2 (2000): ; 25 (2): 479-502.

Hernández Martínez, Margarita. "El incendio de la imagen: mujer, mito, sacralización y erotismo en Solitario de amor de Cristina Peri Rossi. *Letras Hispanas* 4.2 (2007).

Hidalgo, Narciso J. "Las creencias de origen africano en el Nuevo Mundo." *Afro Hispanic Review* 26.1 (2007): 11-18.

Hinz, Carrie y Ostry, Elaine. *Utopian and Dystopian: Writing for Children and Young Adults.* New York: Routledge, 2003.

Higdon, David Leon. 'The Provocations of Lenina in Huxley's *Brave New World', Internacional Fiction Review* 29:1-2 (2002): 78-86.

Hughes, Psiche. "Love in the Abstract: The Role of Women in Borges' Literary World." *Chasqui* 8.3 (1979) 34-43.

Huxley, Aldous. *Brave New World.* New York: Harper Collins Publishers, 1932.

Irigaray, Luce. *The Sex which is not One.* Trad. Catherine Porter. Ithaca: Cornell UP, 1977.

Ishuguro, Kazuo. *Never Let Me Go.* New York: Vintage, 2006.

Jauss, Hans Robert. *Toward an Aesthetic of Reception.* Trad. Timothy Bahti. Minneapolis: U of Minnesota P, 1982.

Jameson, Fredric. *The Political Unconscious: Narrative as a Socially Simbolic Act.* New York. Cornell UP. 1981.

Jiménez, Teresa. "El tercer sexo en *Solitario de amor*". *Ciberletras.* http://www.lehman.cuny.edu/ciberletras/v19/gimenezt.html2008 July. Web

Jose, Elias. "Anotações sobre *Água viva*" *Minas Gerais Suplemento* 2 nov 74. 4-5.

Jurado, Alica. "La mujer en la literatura de Borges." *Boletín de la Academia Argentina de Letras* 64: 253-4 (1999): 409-423.

Jung, Carl. *Arquetypes and the Collective Unconscious.* Trad. R.F.C Hull. New York: Pantheon Books, 1959.

Kazmierczak, Marcin. "Entre la utopía y la distopía. La imagen del "sur" en los relatos de J.L. Borges." Mattalia, Sonia; Celma, Pilar and Pilar Alonso (eds.) *El viaje en la Literatura Hispanoamericana: el espíritu colombino*. Madrid: Iberoamericana, 2008.

Koo, Pedro. *Masculinidad en crisis: Representación masculina en tres novelas latinoamericanas*. Diss. U of Oklahoma, 2003.

Kurlat Ares, Silvia G. "Sobre 'El Aleph' y 'El Zahir' la búsqueda de la escritura de Dios." *Variaciones Borges: Journal of the Jorge Luis Borges Center for Studies and Documentation*, 19 (2005): 5-22.

Krauel, Ricardo. "Lectura mítica y ambigüedad genérica" *Revista de Literatura Hispánica* 45-1 (1997): 255-265.

Kristeva, Julia. *Desire in Language: A Semiotic Approach to Literature and Art*. Trad. Thomas Gora, Alice Jardine y Leon S. Roudiez. New York: Columbia UP, 1980.

----. *Revolution in Poetic Language*. Trad. Margaret Waller, New York: Columbia UP, 1974.

La Biblia. Ramón Ricciard, gen. Ed. Madrid: Ediciones Paulinas, 1972.

Lacan, Jacques. *The Seminar XX, Encore: On Feminine Sexuality, the Limits of Love and Knowledge*. Ed. Jacques-Alain Miller. Trad. Bruce Fink. W.W, New York, 1998.

---. *Ecrits*. Trad. Alan Sheridan. New York: Norton, 1966.

---. *Le séminaire, livre IV: la relation d'objet*. Paris: Editions du Seuil, 1994.

---. *On Feminine Sexuality: The Limits of Love and Knowledge*. Trad. Bruce Fink. New York: Norton, 1998.

La cabina. Dir. Antonio Mercero. Televisión Española, 1971. Film.

Lagos, María Inés. "Los significados de la escritura y su relación con la identidad femenina latinoamericana en *Por la patria* de Diamela Eltit" *Una poética de literatura menor; la narrativa de Diamela Eltit*. Santiago de Chile: Ed. Cuarto Propio, 1993. 127-140.

La Dolce Vita. Dir. Federico Fellini. Prod. Riama Film, 1960. Film

La Strada. Dir. Federico Fellini. Prod. Dino De Laurentis y Carlo Ponti, 1956.Film.

Latino, Rosa. "El Realismo Maravilloso en la cultura haitiana" "The Marvellous Realism in Haitian Culture"" *Cuadernos Del CILHA*, 9.10 (2008): 132-42. <www.redalyc.org>.

Legin, Ursula K. *The Left Hand of Darkness*, Londres: Brown Book Group, 1969. Print.

Le Havre. Dir. Aki Kaurismäki. Sputnik, 2001. Film.

Le quattro volte. Dir. Michelangelo Frammartino. Invisible Film, 2010. Film.

Le Notti di Cabiria. Dir. Federico Fellini, 1957. Film

Lértora, Juan Carlos. "Reflexiones sobre la representación del sujeto en dos textos de Diamela Eltit" *Una poética de literatura menor; la narrativa de Diamela Eltit.*

Santiago de Chile: Ed. Cuarto Propio, 1993 127-140.

Levine, Linda. "Cristina Peri Rossi's Gender Project: Rewriting Male Subjectivity and Sexuality. Montclair, NJ; Hanover, NH; Montclair State University. *Women's Narrative.* Dissertation Abstracts International, Section A: The Humanities and Social Sciences, 1999 Oct; 60 (4): 1154-55. Cornell U, 1999.

Lezama Lima, José. *Antología para un Sistema poético del mundo.* Ed. Iván González Cruz.Valencia: Universidad Politécnica de Valencia, 2004.

Lispector, Clarice. *Água viva.* Río de Janeiro: Editora Rocco, 1973. Valencia: Colección Letras Humanas, 2004. Web.

----- *A hora da estrela.* Rio de Janeiro: Livraria José Olympio Editora, 1977.

Logan's Run. Dir. Michael Anderson. MGM, 1976. Film.

London, Jack. *White Fang.* New York: Dover Publications, 1906.

Lowry, Louis. *The Giver.* Laurel Leaf Publishing: New York, 2002.

Lucchesi, Ivo. *Crise e escritura.* Editora Forense Universitaria. Río de Janeiro, 1987.

Lunacy [Sílení]. Dir. Jan Svankmajer. Athanor, 2005. Film.

Llanos, Bernardita. "Mitos y madres en la narrativa de Diamela Eltit" Diamela Eltit: redes locales, redes globales. Ed. Rubí Carreño Bolívar. Iberoamericana: Madrid, 2009.

Llarena, Alicia. "De nuevo El Realismo Mágico: Del Mito a La Posmodernidad." *Canadian Review of Comparative Literature/Revue Canadienne De Littérature Comparée* 30.2 (2011): 313-33.

Lüttecke, Janet. "*El cuarto mundo* de Diamela Eltit" *Revista Iberoamericana* 60.168-9 (1994): 1081-1088.

Madden, Deanna. 'Women in Dystopia: Misogyny in *Brave New World*, 1984, and *Clock Work Orange*', en Katherine Anne Ackley ed., *Misogyny in Literature: Essay Collection*. New York: Garland, 1992.

Maíz, Claudio. "La modernización literaria hispanoamericana y las fronteras transnacionales durante el modernismo y el Boom literario." *Anales de Literatura Hispanoamericana* 35 (2006): 221-42.

---. "La polémica de lo universal y lo regional como valores estéticos: Dos momentos del discurso crítico: Del 900 al boom latinoamericano." *Cuadernos del CILHA* 6:6 (2004): 125-144.

Magnarelli, Sharon. "Literature and Desire: Women in the Fiction of Jorge Luis Borges." *Revista Interamericana* 13.1-4 (1983) 138-49.

Manderley. Dir. Lars Von Tier. Zentropa Entretainments, 2006. Film.

Mancini, Adriana. "Algunas notas sobre literatura y vejez". Katatay Red Latinoamericana (15 de enero de 2015). http://www.redkatatay.org/sitio/invitados/archivos/adriana_mancini.pdf.

Martínez, Renato "¿Fonema o grafema? El Boom y la deconstrucción de Derrida." *Torre de Papel* 2:1 (1992): 54-63.

Marting, Diane E. "Concealing Peru in Mario Vargas Llosa's *Elogio de la madrastra*". *Chasqui*. (1998), 38-53.

Mayer, Albert J. *Columbus Jewish Population Study:1969*. Georgia: Columbus Jewish Welfare Federation, 1969.

Matador. Dir. Pedro Almodóvar. 1988. Compañía Iberoamericana de TV. Film.

Matamoro, Blas. "Yo y el otro, Eros y Tánatos, masculino y femenino." *Variaciones Borges* 9 (2000): 222-226.

Mattalia, Sonia; Celma, Pilar and Pilar Alonso (eds.) *El viaje en la Literatura Hispanoamericana: el espíritu colombino*. Madrid: Iberoamericana, 2008.

Medeiros, Paulo. 'Clarice Lispector and the Question of the Nation' en Cláudia Pazos y Claire Williams eds., *Closer to the Wild Heart: Essays on Clarice Lispector*. Oxford: Legenda, 2002.

Meeropol, Abel. "Strange Fruit". New York: The New York Teacher, 1937.

Megenney, William W. "Gabriel Garcia Márquez y El Caribe Afronegroide." *Centro Virtual Cervantes* XLI.1, 2, y 3 (1986): 311-224.

Mena, Lucia I. "Hacia una formulación teórica del Realismo Mágico." *In: Bulletin Hispanique* 77.3-4 (1975): 395-407.

Meyer, Stephenie. *Twilight Series*, Londres: Brown Book Group, 2005-8.

Mignolo, Walter D. "Epistemic Disobedience, Independent Thought and Decolonial Freedom." *Theory, Culture & Society.* New York: Routledge. 26.7-8 (2009): 159-181.

Molinero, Rita. "Viaje a la Habana. Distopía, (homo)sexualidad y la subversión de lo real en un texto de Reinaldo Arenas." *Talles de Letras* 28:11 (2000): 157-171.

Monsivaís, Carlos. "No estamos en contra de las libertades sino de su ejercicio. (Sobre la derecha en México)" *Debate Feminista* 14-27 (2003) 3-27.

Montoya, María M. "Acerca De Gabo, El Escritor Colombiano más importante de todos los tiempos..." *Revista De Educación & Pensamiento* (2007): 118-25.

Mora, Gabriela. "*Solitario de amor* de Cristina Peri Rossi: Una desmitificación del amor. Mosaic 30.3 (1997): 97-114.

More, Thomas. *Utopia.* London: Penguin Books, 1970.

Moriconi, Italo. 'The Tour of the Star or Clarice Lispector's Trash Hour', *Portuguese Literary and Cultural Studies*, 4-5 (2000) 213-21.

Mualem, Shlomy. "Borges and Schopenhauer: Aesthetical Observation and the Enigma of 'El Zahir.'" *Variaciones Borges* 21 (2006): 107-37.

Muhyiddin Ibn'Arabi, Ibn Al'Arabi, Hadith Oudsi. *Divine Sayings: 101 Hadith Oudsi.* New York: Routledge, 2003.

McFarland, Ronald E. "Community and Interpretive Communities in Stories by Hawthorne, Kafka and Garcia Márquez." *Studies in Short Fiction* 29.4 (1992): 551- 59.

Nietzsche, Friedrich. *The Genealogy of Morals.* Trad. Horace B. Samuel. New York, 1887.

---. *Así habló Zaratustra.* Trad. Sergio Albano. Buenos Aires: Gradifco, 2000.

Nolan, William, Clayton, George. *Logan's Run.* New York: Buccaneer Books, 1967.

Norat, Gisela. "Diálogo fraternal; *El cuarto mundo* de Diamela Eltit y Cristóbal Nonato de Carlos Fuentes" *Chasqui* 23.2 (1994): 74-85.

Ouspensky, P.D. *The Psychology of Man's Possible Evolution.* New York: *Vintage Books*, 1974.

Ocampo, Silvina. *Cuentos completos.* Buenos Aires: Emecé, 1999.

Orphan Black. BBC. Dir. John Fawcett. Mar. 13 2013. Televisión.

Ortega, Julio. "*Resistencia y sujeto femenino: entrevista con Diamela Eltit*" La Torre, IV 14 (1990) 229-241.

Orwell, George. *1984.* San Diego: Harcourt Brace Jovanovich, 1949.

Palacios R. J, *Wonder.* New York: Knopf Books for Young Readers. 2012.

Patterson, James. *Maximum Ride: The Angel Experiment.* Londres: Headline Book Publishing, 2005.

Paz S., Edmundo. "Alejo Carpentier: Teoría y práctica de lo real maravilloso." *Anales de Literatura Hispanoamericana.* 37 (2008): 35-42.

Paz, Octavio. *El laberinto de la soledad.* México: Fondo de Cultura Económica. 1950.

Peri Rossi, Cristina. *Solitario de amor.* Madrid: Lumen, 1988.

Perrault, Charles. *The Fairy Tales of Charles Perrault.* Londres: Harrap, 1922.

Pietri, Arturo Uslar. "Realismo Mágico." *Biblioteca Virtual Universal* 34 (1986/1990): Web.

Pope, Randolph. "La resistencia en El cuarto mundo de Diamela Eltit" *Nomadías* 2 (2000): 35-52. <www.biblioteca.org.>. Web.

Pontiero, Giovanni. 'Clarice Lispector and The tour of the Star' en Condé Lisa y Hart, Stephen, *Feminist Readings on Spanish and Latin-American Literature.* Lewiston: E Mellen Press, 1991.

Pfeiffer, Erna. "El desencantamiento de utopías patriarcales en la escritura histórica de autoras latinoamericanas: Carmen Boullosa, Antonieta Madrid, Alicia Kozameh." *La novela latinoamericana entre historia y utopía* (1999): 106-21.

"Planet of the phones" *Economist* 28 Feb. 2015: 9.

Platón, *Republic.* Trad. Allan Bloom. Oxford UP. Oxford, 1956.

---. *El banquete. Fedón y Fedro.* Trad. Luis Gil. Barcelona: Gráficas Ramón Sopena,

Predestination. Dir. Hermanos Spierig. Screen Quesland, 2014. Film.

Proaño-Gómez, Lola. "Utopía/distopía en la escena latinoamericana." Villegas, Juan (ed.) *Propuestas escénicas de fin de siglo* Irvine, CA: GESTOS: 13-30.

Quinn, David. "Detective Plotting in Garcia Márquez' 'A Very Old Man with Enormous Wings'" *Eureka Studies in Teaching Short Fiction* 2.1 (2001): 50-60.

Reati, Fernando. "Ciudad futura y distopía en la novela argentina de fines de siglo." *Silabario: Revista de Estudios y Ensayos Geoculturales* 3:3 (2000): 7-50.

Richard, Nelly. *Masculino/Femenino: Prácticas de la diferencia y cultura democrática.* Santiago de Chile: Fondo de Desarrollo de la Cultura y las Artes del Ministerio de Educación, 1989.

Rincón, Carlos. "Imagen y Palabra en "Un señor muy viejo con unas alas enormes", de Gabriel García Márquez." *Estudios De Literatura Colombiana* 10 (2002): 9-40. Web. 29 Nov. 2013.

Rincón, Carlos. "Las imágenes en el texto: entre García Márquez y Roberto Bolaño. De la alegoría del tiempo al universo de las imágenes." *Revista De Crítica Literaria Latinoamericana*, 28th, 56 (2002): 19-37.

Roca, *Paco. Arrugas.* París: Delcourt, 2007.

Rodríguez Gutiérrez, Milena. "La distopía en la poesía cubana del XIX y del XX." New York: Editorial Verbum, 2011.

Rodríguez-Carranza, Luz. "Usos de la utopía." Mattalia, Sonia; Celma, Pilar and Pilar Alonso (eds.) *El viaje en la Literatura Hispanoamericana: el espíritu colombino.* Madrid: Iberoamericana, 2008.

Romera, María S. "El mundo mágico de Gabriel García Márquez: un recorrido por su narrativa." *Publicaciones Didácticas* 18 (Octubre 2011): Web. <Publicaciones.Didacticas.com>.

Sorrentino, Paolo. *La Grande Bellezza.* Prod. Indigo Film. Film, 2013.

Shepard, Bonnie. *Running the Obstacle Course to Sexual and Reproductive Health: Lessons from Latin America.* Praeger Publishers: Connectitut. 2006.

Stephens, John. "Critical Content Analysis and Literary Criticism" International Research in Children's Literature (IRCL) 8-1 (2015): v-viii.

Stevens, Evelyn. "Marianismo: la otra cara del machismo en Latinoamérica." En *Hembra y macho en Latinoamérica.* Ed. Ann Pescatelo. Edición Diana: México, 1977.

Ramsdell, Lea. "Dysfunctional Family, Dysfuctional Nation: *El cuarto mundo* by Diamela Eltit." *The Ties That Bind: Questioning Family Dy-*

namics and Family Discourse in Hispanic Literature. Ed. Sara Cooper. Maryland: UP of America, 2004. 103-127.

Ratatouille. Dir. Brad Bird, 2007. Disney. Film.

Reid, Anna. "Transtornando la infancia: elementos góticos en la narrativa de Carmen Boullosa." *Revista de Literatura Mexicana Contemporánea* (RdLMC) 2003 July- Sept; 9 (20): 96-104.

Richard, Nelly. "Diamela Eltit y el imaginario de la virtualidad" *Una poética de literatura menor; la narrativa de Diamela Eltit*. Santiago de Chile: Ed. Cuarto Propio, 1993 127-140.

Rimbaud, Arthur. *Une Saison en Enfer*. Bruselas: Alliance Typographique, 1873.

Roncagliolo, Santiago. *Pudor*. Barcelona: Alfaguara, 2004.

Sánchez de Tejada, Cristina. "Ecologist and Ecofeminist Awareness in *Água viva;* A Brazilian Woman Rereading Nature" Brasil 18 (1997): 39-57.

---. "The Eternal Non-Difference: Clarice Lispector's Concept of Androgyny". *Luso-Brazilian Review* 31.1 (1994): 39-56.

Saona, Margarita. "Melancolía y epifanía en Borges." *Variaciones Borges* 25 (2008): 155-173.

Saramago, José. *O ensaio sobre a cegueira*. Lisboa: Editorial Caminho, 1995.

Savage, Sam. *Firmin*. Wisconsin: Delta Publications, 2006.

Singer, June. *Androgyny*. New York: Doubleday, 1976.

Shakespeare, William. *The Tempest*. Cambridge: 1623.

Sleeter, C. E.; and E. Soriano, E., Eds. *Creating Solidarity across Diverse Communities*. New York: Teachers College Press, 2013.

Somerlate, María José. '*A Hora da Estrela* and the Tangible Reality of Fiction'. *Romance Language Annual* 1 (1989) 379-83.

Sontag, Susan. *Against Interpretation*. New York: Picador, 1966.

Sotomayor, Aurea María. "Tres caricias: una lectura de Luce Irigaray en la narrativa de Diamela Eltit" *Modern Language Notes* 115.2 (2000): 299-322.

Stevens, Evelyn. "Marianismo: la otra cara del machismo en Latinoamérica" en *Hembra y macho en Latinoamérica* Edit. Ann Pescatelo. México: Edición Diana, 1977.

Stevenson, Robert Louis. *The Strange Case of Dr. Jekyll and Mr. Hyde*. New York: Scholastic INC, 1886.

Swift, Jonathan. *Gulliver's Travels.* New York: Penguin, 1726.

The Antichrist. Dir. Lars Von Trier. Zentropa Entretainers. 2009. Film.

The Biggest Show on Earth. Dir. Jerome Storm. Thomas H. Ince Corp, Film, 1952.

The Glass Fortress. Dir. Alan Bourret. Alan Bourret. Mus. Rémi Orts. 2016. Film

The Island. Dir. Michael Bay. Warner Bros, 2005. Film.

The Lost Aprocrypha of the Old Testament. Ed. James Montaque Rhodes. New York: Macmillan, 1920.

The Man without a Past. Aki Kaurismäki. Bavaria Film. 2002. Film.

The Rabbi's Cat. (L'e chat du rabbin) Dir. Antoine Delesvaux, Joann Sfar. Autochenille Prod. 2011. Film.

The Study of the Bible Today and Tomorrow. Ed. Harrold Willoughby Chicago: Chicago UP, 1947.

The Planet of the Apes. Dir. Schaffner. Twentieth Century Fox, 1968. Film.

The Purge. Dir. James De Monaco. Universal Pictures. 2013. Film.

The Wild Child. [L'e enfant sauvage]. Dir. Francois Truffaut. Les Artistes Associés, 1970. Film.

Tinbergen, Nikolaas. *The Study of Instincts.* Oxford: Oxford UP, 1969.

Todorov, Tveztan. *The Conquest of America.* New York: Harper & Row, 1984.

Trible, Phyllis. *God and the Rethoric of Sexuality.* Philadelphia: Fortress Press, 1978.

Ubilluz, Juan Carlos. "The Taming of Bataille in Vargas Llosa's *Elogio de la madrastra*" *Sacred Eroticism: Georges Bataille and Pierre Klossowski in Latin American Erotic Novel.* Rosemont Publishing: New Jersey. 2006, 180-201.

Uribe, Olga. "Breves anotaciones sobre las estrategias narrativas en *Lumpérica, Por la patria y El cuarto mundo* de Diamela Eltit" *Hispanic Journal* 16-1 (1995): 21-37.

Vaccaro, Alejandro. "Borges' Women" *A Universal Argentine; Jorge Luis Borges, English Literature and Other Inquisitions.* Ed. Estela Valverde. 127-131.

Valente, Ignacio. "Diamela Eltit: una novela experimental" El Mercurio. Santiago. Marzo 25. 1984.

Valenzuela, Luisa. *El gato eficaz*. México, DF: Ediciones Joaquín Mortiz, 1972.

---. *Hay que sonreir*. Buenos Aires: Editorial Americale, 1966.

---. *La máscara sarda, el profundo secreto de Perón*. Barcelona: Seix Barral, 2012.

Vásquez, María Esther. *Borges: esplendor y derrota*. Barcelona: Tusquets, 1996.

Vargas Llosa, Mario. *Elogio de la madrastra*. Barcelona: Tusquets Editores, 1988.

---. *La tía Julia y el escribidor*. Barcelona: Seix Barral, 1977.

Vargas, Virginia. "Los feminismos peruanos: breve balance de tres décadas." En *25 años de Feminismo en el Perú*. Lima: Centro de la Mujer Peruana Flora Tristán, 2004.

Velásquez, Diego de. *La Venus del espejo*. 1647-51. Óleo. National Gallery, Londres.

Vélez Román, Lydia. "Rodó; Distopía y utopía ante el nuevo milenio" *Exégesis* (2000): 31-34.

Vieira, Telma María. "Clarice Lispector: uma leitura instigante". São Paulo: Annablume, 1998.

Voltaire. *Candide*. Trad. Meter Constantine. New York, 1761.

Vogel, Susan. *African Aesthetics*. New York: Museum of African Art Publishers, 1986.

Wells, Sarah Ann. *Viaje a través del tiempo: Anacronismo y distopiá en* "La Antena" (2007), de Esteban Sapir. *Revista Iberoamericana (RI)* 78 (2012): 349-365.

Wenders, Wim. *Wings of Desire*. Road Movies Film Produktion. Film, 1987. Film.

Wiesenthal, Simon. *Sails of Hope: The Secret Mission of Christopher Columbus*. New York: MacMillam Publishers Company, 1972.

Wilde, Oscar. *Dorian Gray's Portrait*. Canada: Random House INC, 1890.

Williamson, Edwin. *Borges a Life*. New York: Viking, 2004.

Williams, Claire. 'Macabéa in Wonderland: Linguistic Adventures in Clarice Lispector's *A hora da estrela'*, *Ellipsis* 3 (2005) 21-38.

Wolf, Virginia. *A Room of One's Own*. New York: Hartcourt, 1999.
York: Dover Publications, 1889.

Zamyatin. Yevgeny. *We*. Trad. Mirra Ginsburg. New York: Viking Press, 1935.

Žižek, Slavoj. *The Puppet and the Dwarf.* Massachusetts: MIT P, 2003.

Otras publicaciones de Argus-a:

Gustavo Geirola
El espacio regional del mundo de Hugo Foguet

Domingo Adame y Nicolás Núñez
Transteatro: Entre, a través y más allá del Teatro

Yaima Redonet Sánchez
Un día en el solar, expresión de la cubanidad de Alberto Alonso

Gustavo Geirola
Dramaturgia de frontera/Dramaturgias del crimen. A propósito de los teatristas del norte de México

Virgen Gutiérrez
Mujeres de entre mares. Entrevistas

Ileana Baeza Lope
Sara García: ícono cinematográfico nacional mexicano, abuela y lesbiana

Gustavo Geirola
Teatralidad y experiencia política en América Latina (1957-1977)

Domingo Adame
Más allá de la gesticulación. Ensayos sobre teatro y cultura en México

Alicia Montes y María Cristina Ares (compiladoras)
Cuerpos presentes. Figuraciones de la muerte, la enfermedad, la anomalía y el sacrificio.

Lola Proaño Gómez y Lorena Verzero / Compiladoras y editoras
Perspectivas políticas de la escena latinoamericana. Diálogos en tiempo presente

Gustavo Geirola
Praxis teatral. Saberes y enseñanza. Reflexiones a partir del teatro argentino reciente

Alicia Montes
De los cuerpos travestis a los cuerpos zombis. La carne como figura de la historia

Lola Proaño - Gustavo Geirola
¡Todo a Pulmón! Entrevistas a diez teatristas argentinos

Germán Pitta Bonilla
La nación y sus narrativas corporales. Fluctuaciones del cuerpo femenino en la novela sentimental uruguaya del siglo XIX (1880-1907)

Robert Simon
To A Nação, with Love: The Politics of Language through Angolan Poetry

Jorge Rosas Godoy
Poliexpresión o la des-integración de las formas en/desde La nueva novela *de Juan Luis Martínez*

María Elena Elmiger
DUELO: Íntimo. Privado. Público

Maria Fernández-Lamarque
Espacios posmodernos en la literature latinoamericana contemporánea: Distopías y heterotopíaa

Gabriela Abad
Escena y escenarios en la transferencia

Carlos María Alsina
De Stanislavski a Brecht: las acciones físicas. Teoría y práctica de procedimientos actorales de construcción teatral

Áqis Núcleo de Pesquisas Sobre Processos de Criação Artística
Florianópolis
Falas sobre o coletivo. Entrevistas sobre teatro de grupo

Áqis Núcleo de Pesquisas Sobre Processos de Criação Artística
Florianópolis
Teatro e experiências do real (Quatro Estudos)

Gustavo Geirola
El oriente deseado. Aproximación lacaniana a Rubén Darío.

Gustavo Geirola

Arte y oficio del director teatral en América Latina. Tomo I México - Perú

Gustavo Geirola

Arte y oficio del director teatral en América Latina. Tomo II. Argentina – Chile – Paragua – Uruguay

Gustavo Geirola

Arte y oficio del director teatral en América Latina. Tomo III Colombia y Venezuela

Gustavo Geirola

Arte y oficio del director teatral en América Latina. Tomo IV Bolivia - Brasil - Ecuador

Gustavo Geirola

Arte y oficio del director teatral en América Latina. Tomo V. Centroamérica – Estados Unidos

Gustavo Geirola

Arte y oficio del director teatral en América Latina. Tomo VI Cuba- Puerto Rico - República Dominicana

Gustavo Geirola

Ensayo teatral, actuación y puesta en escena. Notas introductorias sobre psicoanálisis y praxis teatral en Stanislavski

Argus-*a*

Artes y Humanidades / Arts and Humanities

Los Ángeles – Buenos Aires

2016

www.ingramcontent.com/pod-product-compliance
Lightning Source LLC
LaVergne TN
LVHW090938080826
845145LV00003B/799

* 9 7 8 1 9 4 4 5 0 8 0 5 0 *